EEN IMPRESSIE VAN PIETER PAUL KOSTER

Holland

Omslagfoto
Molen ter hoogte van het dorp Vlist, gelegen tussen Haastrecht en
Schoonhoven. Hierlangs stroomt het riviertje dat eveneens Vlist heet.
Veel kunstenaars lieten zich inspireren door dit typisch Hollandse
landschap. Hier werkten de meesters Ruysdael, Jan van Goyen en
Rembrandt. Later volgden schilders van de fameuze Haagse School.

Coverphoto
Windmill near the village of Vlist between Haastrecht and
Schoonhoven. The river of the same name flows through the village.
Many artists have been inspired by this typically Dutch landscape;
Dutch masters such as Ruysdael, Jan van Goyen and Rembrandt all
worked here, as did painters from the famous Hague School at a later
date.

Umschlag
Mühle auf der Höhe des Dorfes Vlist, zwischen Haastrecht und
Schoonhoven gelegen. Hier fließt das Flüsschen, das ebenfalls Vlist
heißt. Viele Künstler ließen sich durch diese typisch holländische
Landschaft inspirieren. Hier arbeiteten die Meister Ruysdael, Jan van
Goyen und Rembrandt. Später folgten Maler der berühmten Haager
Schule.

Photo de couverture
Moulin à côté du village de Vlist, situé entre Haastrecht et
Schoonhoven. Le long du moulin il y a la petite rivière qui s'appelle
également Vlist.
Beaucoup d'artistes peintres ont été inspirés par ce paysage
typiquement hollandais. Les anciens maîtres Ruysdael, Jan van Goyen
et Rembrandt ont travaillé ici. Plus tard il y a eu les peintres de la
fameuse École de la Haye.

Met dank aan Inge Oostenrijk en Fuji Professional Nederland.

Holland, een impressie van Pieter Paul Koster is een uitgave van DE
HOEVE in opdracht van Coöp. Inkoop Coöperatie Boeken U.A. te
Alphen aan den Rijn.

Vormgeving, zetwerk en lithomontage: Peter Verwey Grafische
Produkties bv, Zwanenburg
Litho's: Scan Studio te Heemstede
Vertaling: Peter Bland en Mia Schulten
Bewerking: de Redactie, Amsterdam

ISBN 90 6113 827 2 / NUGI 672

HOLLAND
Een impressie van Pieter Paul Koster
An impression by Pieter Paul Koster
Eine Impression von Pieter Paul Koster
Une impression de Pieter Paul Koster

De creatie van Holland
Bodemvondsten wezen uit dat de eerste bewoners van ons land 32.000 jaar geleden arriveerden. Het land zag er totaal anders uit dan vandaag. Het bestond grotendeels uit moerassen met hier en daar wat rijzende stukken zandgrond, waarop ondoordringbare wouden groeiden. Meren, binnenzeeën en rivieren verdeelden het land, waarvan 27% onder de zeespiegel lag en ligt, in grote en kleine stukken. Tijdens zware stormen, die de zee tot bulderende golven opzwiepten, sloegen grote delen van het land weg. Veilig voor het onberekenbare water bouwde de prehistorische mens zijn nederzettingen op de hoogst gelegen gronden, die met name lagen in Drenthe, Overijssel, Gelderland en Limburg. Gaandeweg begon het oervolk, dat hoofdzakelijk van de jacht leefde, zich op de landbouw toe te leggen. De civilisatie kwam op gang. Hutten werden vervangen door paalwoningen, moerassen werden ingedijkt en bossen gekapt. De mens begon het land te veranderen. In de eeuwen die volgden, begon het gevecht tegen het water. Steeds grotere stukken land werden door middel van opgeworpen dijken aan het water onttrokken. Aarzelend begon het land te groeien. Soms vaagde een stormvloed in enkele uren honderden meters moeizaam verkregen land weg. Verbeten vochten de Hollanders terug. Dijken werden hoger en breder, het land groeide verder. Men bouwde windmolens die volgens een ingenieus systeem het water uit laag gelegen moerassen maalden, naar rivieren en kanalen die achter dijken lagen. De polders begonnen zich aaneen te rijgen. Moerassen veranderden in vruchtbare weidegebieden. Dorpen groeiden tot steden uit. Molens werden vervangen door stoomgemalen, waardoor men niet langer afhankelijk van de wind was. Deze machines waren zeer krachtig. Met drie gemalen pompte men het Haarlemmermeer, eens gelegen tussen Haarlem en Amsterdam, leeg. De Afsluitdijk werd aangelegd en verbond zodoende Noord-Holland met Friesland. Door indijking en leegpompen werden grote stukken van het IJsselmeer drooggelegd. Zo ontstond de provincie Flevoland. In Zeeland bouwde men in dertig jaar tijd de Deltawerken, om het land tegen overstromingen te behoeden. Al met al is Holland nauwelijks een natuurlijk land te noemen. Het werd grotendeels door de Hollanders gecreëerd.

The creation of Holland
Archaeological findings show that the first inhabitants arrived in this country some 32,000 years ago. The landscape encountered by these pre-historic immigrants was nothing like the one we are so familiar with today. Lakes, inland seas and rivers divided the country (27% of which was, and still is, below sea level) into an uneven patchwork of large and small islands. During heavy storms, huge waves would sweep away great chunks of land. The first settlements were built on high ground (mainly to be found in Drenthe, Overijssel, Gelderland and Limburg), safe from the unpredictable water. Gradually however, these hunter-gatherer communities started farming, and at this point the first seeds of civilisation were sown. Huts were replaced by dwellings on stilts, marshlands sealed off with dikes and dams, and much of the forest was cleared away. The landscape began to change dramatically, and as the centuries progressed, the war against water intensified. Increasingly large areas were reclaimed through the ongoing construction of dikes and dams, but the surging waters of a tidal storm could wash away acres of hard-won land within the space of a few hours. The Dutch stubbornly persisted in their battle against the elements, building dikes that were ever higher, thicker and stronger. The first windmills were constructed and ingenious systems invented to pump water from low-lying marshlands up to the rivers and canals on the higher ground behind the dikes. Areas of reclaimed land (polders) began to merge into one another, transforming what had once been inaccessible swamp into fields of fertile pasture land. Villages expanded into towns and cities, windmills were eventually replaced by their far more powerful steam-driven equivalents, which could be operated virtually continuously. Just three of these steam-powered mills were enough to drain the entire Haarlemmermeer, once a great lake which used to stretch from Haarlem to Amsterdam. In this century, the Afsluitdijk (IJsselmeer Dam) was built, connecting the provinces of Noord-Holland and Friesland. Large areas of the IJsselmeer itself were then reclaimed by sealing them off and pumping out the water, thus creating what is now the province of Flevoland. In Zeeland, the immense Delta Works, designed to protect a huge area from the threat of floods, took thirty years to complete. All in all, the landscape of Holland as we know it today can scarcely be called natural. It is largely an artificial creation of the Dutch people themselves.

Die Erschaffung Hollands
Bodenfunde haben gezeigt, daß die ersten Bewohner unseres Landes vor 32.000 Jahren auftauchten. Das Land sah damals völlig anders aus als heute. Es bestand großteils aus Sümpfen, aus welchen sich hier und da mit undurchdringlichen Wäldern bewachsene Sandflächen erhoben. Seen, Binnenmeere und Flüsse unterteilten das Land, von dem 27% unter dem Meeresspiegel lagen und liegen, in große und kleine Stücke. Bei schweren Stürmen, welche die See zu tosenden Wellen aufwühlten, wurden große Teile des Landes weggerissen. Um vor dem unberechenbaren Wasser sicher zu sein, baute der prähistorische Mensch seine Niederlassungen auf den höchst gelegenen Landstücken, die vor allem in Drenthe, Overijssel, Gelderland und Limburg lagen. Nach und nach begann das Urvolk, das hauptsächlich von der Jagd lebte, sich auf den Landbau zu verlegen. Die Zivilisation kam in Gang. Hütten wurden durch Pfahlbauten ersetzt, Sümpfe wurden eingedeicht und Wälder gerodet. Der Mensch begann das Land zu verändern. In den Jahrhunderten die folgten, begann der Kampf gegen das Wasser. Immer größere Landstücke wurden dem Wasser durch aufgeschüttete Deiche abgerungen. Zögerlich begann das Land zu wachsen. Manchmal fegte eine Sturmflut in wenigen Stunden hunderte meter mühselig errungenen Landes weg. Verbissen setzten sich die Holländer zur Wehr. Die Deiche wurden höher und breiter, das Land wuchs weiter. Man baute Windmühlen, die durch ein ausgeklügeltes System das Wasser aus den tief gelegenen Sümpfen zu den Flüssen und Kanälen pumpten, die hinter den Deichen lagen. Die Polder begannen sich aneinander zu reihen. Sümpfe wandelten sich zu fruchtbaren Weiden. Dörfer wuchsen zu Städten. Mühlen wurden durch dampfgetriebene Pumpwerke ersetzt, wodurch man unabhängig vom Wind wurde. Diese Maschinen waren sehr stark. Mit drei dieser Pumpwerke pumpte man das Haarlemmermeer, einst zwischen Haarlem und Amsterdam gelegen, leer. Der Afsluitdijk wurde angelegt und verband Noord-Holland und Friesland. Durch Eindeichung und Leerpumpen wurden große Teile des IJsselmeeres trockengelegt. So entstand die Provinz Flevoland. In Zeeland baute man innerhalb von dreißig Jahren die Deltawerke, die das Land vor Überschwemmungen bewahren. Alles in allem kann man Holland kaum ein natürliches Land nennen. Es wurde großteils durch die Holländer geschaffen.

La création de la Hollande
Des recherches archéologiques ont prouvé que les premiers habitants de notre pays sont bien arrivés il y a 32.000 ans. Autrefois, la Hollande avait un aspect tout à fait différent de celui d'aujourd'hui. Il y avait presque partout des marais avec ici et là une région sablonneuse couverte de forêts impénétrables. Les lacs, les mers intérieures et les rivières provoquaient un démembrement naturel de la terre, dont plus d'un quart se trouvait et se trouve toujours au-dessous du niveau de la mer. De violentes tempêtes, soulevant de hautes vagues déferlantes, ont effacé de très grandes parties du pays. Pour se protéger et se mettre à l'abri des réactions imprévisibles de l'eau, l'homme préhistorique construisit des huttes de terre glaise pour s'installer sur les terrains plus élevés et situés dans les provinces Drenthe, Overijssel, Gelderland et Limburg. Peu à peu, le peuple primitif vivant principalement de la chasse commença à faire de l'agriculture. La civilisation était née. On se mit à construire des habitations sur des pilotis bois pour remplacer les huttes, à endiguer les marais et à abattre les arbres et les broussailles dans les forêts. L'homme se mit aussi à travailler la terre. Puis, dans les siècles suivants, le combat contre l'eau commença. En construisant des digues, on retira de plus en plus de grandes parties de terre à l'eau. La surface du pays s'agrandit lentement. En moins de quelques heures, une tempête faisait parfois disparaître des centaines de mètres de terre qui avaient été difficilement retirés à l'eau. Les Hollandais ont combattu avec acharnement contre ce danger. Ils élevèrent des digues plus hautes et plus larges et le pays s'agrandit de plus en plus. On construisit aussi des moulins à vent qui, suivant un système ingénieux drainaient l'eau des bas marais pour la faire couler dans les rivières et les canaux se trouvant derrière les digues. On comptait de plus en plus de polders. Les marais devirent des régions productives avec de la terre fertile pour les prés. Les villages se transformèrent en villes. Les moulins à vent furent remplacés par des moulins à vapeur afin que leur fonctionnement ne dépende plus du vent. On draina toute l'eau du Haarlemmermeer, un lac situé à l'époque entre Haarlem et Amsterdam. On construisit l'Afsluitdijk (digue de barrage) pour établir ainsi la liaison entre les provinces Noord-Holland et Friesland. Grâce à l'endiguement et au drainage, on a retiré plusieurs parties de terre à l' IJsselmeeer. C'est ainsi qu'il y eut la province Flevoland. Dans la province Zeeland on construisit en moins de 30 ans les travaux du Plan Delta pour protéger le pays contre les inondations. Pour conclure, on pourrait dire que la Hollande n'est pas un pays naturel. La Hollande fut pour la plus grande partie créée par les Hollandais.

Pieter Paul Koster

● De Zaanse Schans is een klein dorp aan de rand van Zaanstad, dat bestaat uit een collectie gerestaureerde houten huizen en molens uit de 17de en 18de eeuw.

● Zaanse Schans is a small village on the perimeter of Zaanstad, made up of a collection of restored wooden houses and windmills from the 17th and 18th centuries.

● Die Zaanse Schans ist ein kleines Dorf am Rande von Zaanstad, das aus einer Ansammlung restaurierter Holzhäuser und Mühlen aus dem 17. und 18. Jahrhundert besteht.

● Le Zaanse Schans est un petit village composé d'un ensemble de maisons et de moulins en bois datant du 17ème et 18ème siècle.

● Erik Voordewind, kaasmaker, maakt dertig kleine kazen per dag.

● Erik Voordewind, cheese maker, makes 30 small cheeses per day.

● Erik Voordewind, Käsemacher, macht dreißig kleine Käse am Tag.

● Le fromager, Erik Voordewind, qui confectionne trente fromages par jour.

- De kaasmakerij

- The cheese factory.

- Die Käserei.

- La fromagerie.

● Ingrid Kraakman vertelt in zeven talen hoe kaas gemaakt wordt.

● Ingrid Kraakman describes in seven languages how cheese is made.

● Ingrid Kraakman erzählt in sieben Sprachen, wie Käse gemacht wird.

● Ingrid Kraakman raconte en sept différentes langues comment on fait le fromage.

● Molens aan de Zaan. Van links naar rechts: De Zoeker anno 1610, De Kat anno 1782 en De Gekroonde Poelenbrug uit 1869.

● Windmills on the Zaan. From left to right: De Zoeker (1610), De Kat (1782), and De Gekroonde Poelenbrug (1869).

● Mühlen an der Zaan. Von links nach rechts: De Zoeker anno 1610, De Kat anno 1782 und De Gekroonde Poelenbrug anno 1869.

● Moulins au bord de la rivière Zaan. De gauche à droite: De Zoeker de 1610, De Kat de 1782 et De Gekroonde Poelenbrug de 1869.

● Monnickendam, een pittoresk stadje aan de Gouwzee, dankt zijn naam aan het feit dat Friese monniken eeuwen geleden een stukje van de zee indamden.

● Monnickendam, a picturesque town on the Gouwzee, owes its name to the fact that many centuries ago, Frisian monks dammed in a section of the sea.

● Monnickendam, ein pittoreskes Städtchen an der Gouwzee, verdankt seinen Namen der Tatsache, daß vor Jahrhunderten friesische Mönche ein Stück der See eindämmten.

● Monnickendam, une petite ville pittoresque au bord de la Gouwzee, doit son nom au fait qu'il y a plusieurs siècles, les moines ont endigué une petite partie de la mer.

● Het 17de-eeuwse Waaggebouw aan de haven doet thans dienst als restaurant.

● The 17th century Waag (Weighing-house) on the harbour is now a restaurant.

● Das Gebäude der Stadtwaage am Hafen aus dem 17. Jahrhundert dient heute als Restaurant.

● Le Waag (Poids Public) du 17ème siècle, situé au port, sert maintenant comme restaurant.

- Huizen aan de haven van Marken.

- Houses on the harbour of Marken.

- Häuser am Hafen von Marken.

- Maisons au port de Marken.

● In de 13de eeuw werd Marken door een hevige stormvloed van het vasteland gescheiden, waarna het dorp eeuwenlang op een eiland lag. Men legde een verbindingsdijkweg tussen Marken en het vasteland aan die in 1959 geopend werd.

● Marken was separated from the mainland in the 13th century by a severe storm tide, and the village remained an island for centuries. A connecting dike was eventually constructed, which was officially opened in 1959.

● Im 13. Jahrhundert wurde Marken durch eine gewaltige Sturmflut vom Festland getrennt, wonach das Dorf jahrhundertelang auf einer Insel lag. Man legte einen Verbindungsdeichweg zwischen Marken und dem Festland an, der 1959 eröffnet wurde.

● Au 13ème siècle le village Marken fut séparé de la terre ferme à cause d'une forte tempête. C'est pourquoi le village est resté pendant des siècles isolé sur une île. On construisit une route de liaison entre Marken et la terre ferme qui fut inaugurée en 1959.

● Jannetje de Waard en Evert Schouten, beiden 78 jaar, zijn 53 jaar getrouwd. Ze wonen hun hele leven op Marken en dragen dagelijks hun traditioneel kostuum.

● Jannetje de Waard and Evert Schouten, both 78, have been married for 53 years. They have spent their whole lives in Marken, and wear traditional dress on a daily basis.

● Jannetje de Waard und Evert Schouten, beide 78 Jahre alt, sind seit 53 Jahren verheiratet. Sie wohnen schon ihr ganzes Leben lang auf Marken und tragen täglich ihre traditionelle Tracht.

● Jannetje de Waard et Evert Schouten, tous les deux âgés de 78 ans, fêtent leurs 53 ans de mariage. Ils ont habité pendant toute leur vie sur l'île de Marken et ils portent encore tous les jours leur costume traditionnel.

● De vuurtoren van Marken kreeg vanwege zijn stevige 'hals' en zware 'lijf' de bijnaam 'Het Paard'.

● The lighthouse at Marken with its strong 'neck' and massive 'body', was nicknamed 'Het Paard' (The Horse).

● Der Leuchtturm von Marken erhielt wegen seines kräftigen 'Halses' und schweren 'Leibes' den Beinamen 'Het Paard' (Das Pferd).

● Le phare de Marken doit son surnom 'Het Paard' (Le Cheval) à son 'cou' fort et à son 'corps' lourd.

● Een groepje huizen even buiten Marken vormt een gemeenschap op zich.

● A small group of houses just outside Marken forms a separate community.

● Eine Häusergruppe kurz vor Marken steht ganz für sich.

● Quelques maisons à l'extrémité du village de Marken qui constituent une communauté à part.

● In de visafslag wordt van eind maart tot eind oktober voornamelijk paling geveild.

● The fish most commonly auctioned at the fish market from the end of March to the end of October is eel.

● Bei der Fischauktion wird von Ende März bis Ende Oktober hauptsächlich Aal versteigert.

● À partir de fin mars jusqu'à fin octobre on vend à la criée surtout des anguilles.

● Volendam, een vissersplaats gelegen aan de Gouwzee, verwierf zich wereldfaam vanwege de haven, de fraaie klederdracht en gezellige cafés en restaurants. Langs de dijk die uitzicht over zee biedt, wemelt het van de souvenirswinkels.

● Volendam, a fishing village on the Gouwzee, became world famous for its harbour, the fine traditional dress of its inhabitants and its pleasant cafés and restaurants. There is a profusion of tourist shops along the dike looking out over the sea.

● Volendam, ein Fischerdorf an der Gouwzee, wurde weltberühmt durch seinen Hafen, die schöne Tracht und gemütliche Cafés und Restaurants. Entlang des Deiches, der Aussicht auf das Meer bietet, wimmelt es von Andenkenläden.

● Volendam, un village de pêcheurs situé au bord de la Gouwzee, est connu dans le monde entier par son port, ses jolis costumes traditionnels et par les restaurants et les cafés où règne une agréable ambiance. Le long de la digue donnant sur la mer, il y a de nombreuses boutiques de souvenirs.

● Louise Overmars draagt trots de bloedkoralen ketting die traditioneel bij haar kostuum hoort.

● Louise Overmars wears with pride the red coral necklace which is part of her traditional costume.

● Louise Overmans trägt stolz die Blutkorallenkette, die traditionell zu ihrer Tracht gehört.

● Pleine d'orgueil Louise Overmars porte le collier en perles de corail qui va traditionnellement avec le costume.

● Op de boten in de haven laten vissers hun netten drogen.

● Fishermen dry their nets on boats in the harbour.

● Auf den Booten im Hafen lassen Fischer ihre Netze trocknen.

● Les pêcheurs font sécher leurs filets sur les bateaux au port de Volendam.

● Het Markermeer is zeer rijk aan paling. Het merendeel van de vissers jaagt op deze vissoort, die in gerookte vorm als delicatesse bekend is.

● Eel is abundant in the Markermeer, and it is the fish most sought after by local fishermen. Smoked eel is a familiar delicacy in Holland.

● Das Markermeer ist sehr reich an Aal. Die meisten Fischer fangen diesen Fisch, der in geräucherter Form als Delikatesse bekannt ist.

● Le Markermeer est plein d'anguilles. La plupart des pêcheurs cherchent à les attraper. L'anguille fumée est connue et appréciée comme une grande délicatesse.

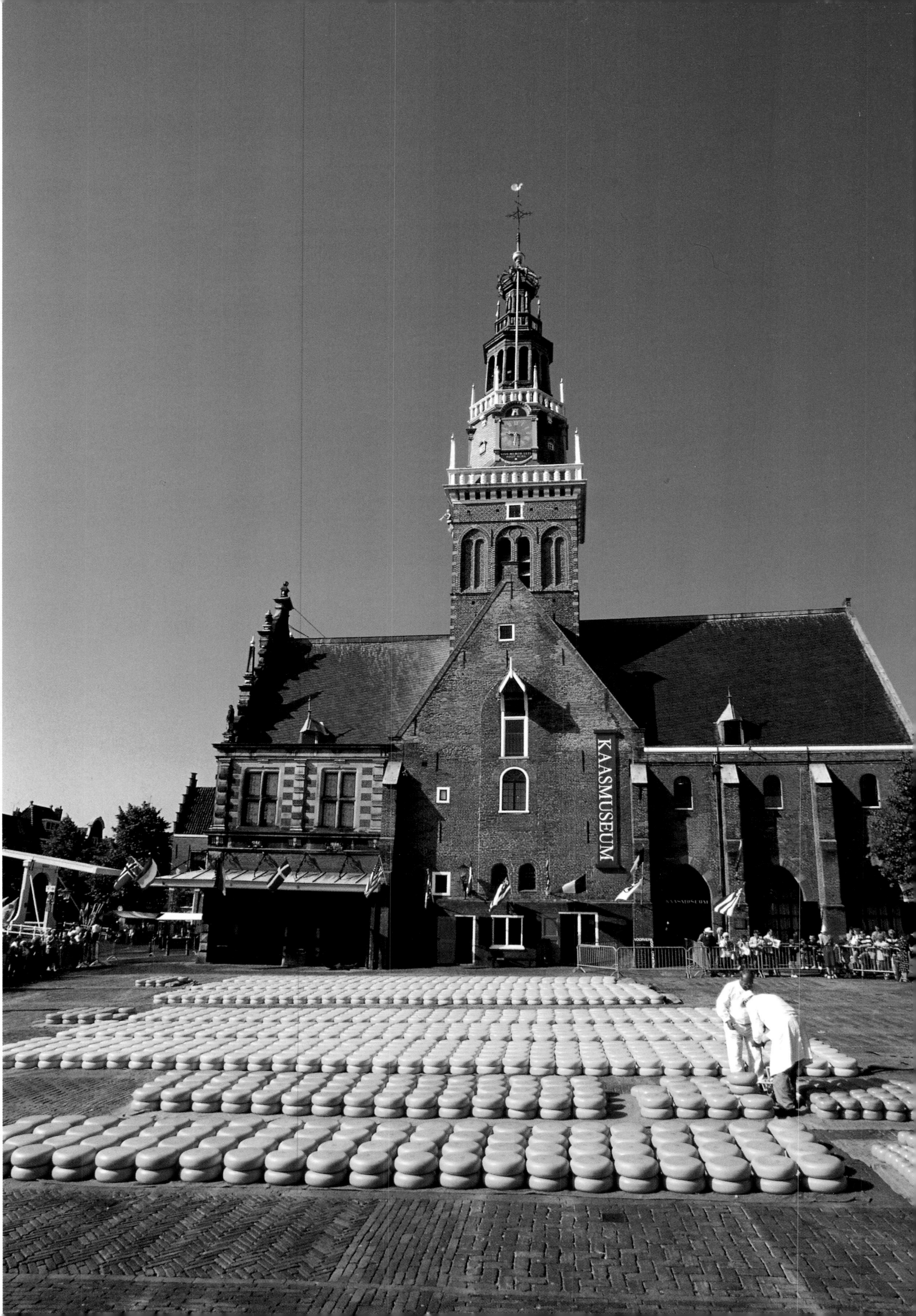
KAASMUSEUM

● Sinds 1365 wordt er in Alkmaar kaas verhandeld. Van eind april tot half september bezoeken jaarlijks 300.000 mensen uit alle werelddelen de kaasmarkt, die elke vrijdagmorgen van 10 tot 12 uur gehouden wordt.

● Cheese has been marketed in Alkmaar since 1365. Every year from the end of April to mid September, some 300,000 people from all over the world visit the cheese market, which is open on Friday mornings from 10.00 to 12.00 am.

● Seit 1356 wird in Alkmaar Käse gehandelt. Von Ende April bis Mitte September besuchen jährlich 300.000 Menschen aus aller Welt den Käsemarkt, der jeden Freitagvormittag von 10 bis 12 Uhr abgehalten wird.

● Depuis 1365 on a vendu du fromage à Alkmaar. De fin avril à début septembre il y a 300.000 personnes de tous les continents qui rendent visite au marché de fromage qui se tient tous les vendredi matins de 10h00 à 12h00.

● Kaasdragers vervoeren hun vracht, die tot ver over de honderd kilo weegt, in looppas op een zogenaamde 'berrie'.

● Cheese bearers walking in step carry their wares (weighing in excess of 100 kilograms) on a so-called 'berrie'.

● Käseträger befördern ihre Fracht, die bis zu weit über hundert Kilo wiegt, im Laufschritt auf einer sogenannten 'berrie'.

● Les porteurs de fromage transportent au pas de course environ 100 kilos de fromage sur un soi-disant 'berrie' (genre de bard).

● Kaasmarkt buiten het handels-seizoen.

● The cheese market during the off-season.

● Der Käsemarkt außerhalb der Marktsaison.

● Marché de fromage hors saison commerciale.

● Het Waaggebouw werd oorspronkelijk als kapel gebouwd in 1341. In 1582 verbouwde men de kapel om er kazen te wegen.

● The Waag building was originally a chapel built in 1341. In 1582 this chapel was converted into a cheese weighing-house.

● Die Stadtwaage wurde ursprünglich 1341 als Kapelle erbaut. 1582 wurde die Kapelle umgebaut, um dort Käse zu wiegen.

● D'origine le Waag fut construit en 1341 comme chapelle. En 1582 on reconstruisit la chapelle et désormais on y fit peser les fromages.

● De Waagtoren verheft zich boven de panden van Oud-Alkmaar. Elk uur voeren miniruiters in het klokkenhuis een steekspel op.

● High above the surrounding buildings, the tower of the Waag looks out over Old Alkmaar. Every hour miniature knights emerge from the bell tower for a jousting match.

● Der Turm der Waage erhebt sich über den Häusern der Altstadt Alkmaars. Jede Stunde führen Miniaturreiter im Glockenturm ein Turnier vor.

● La tour de Waag s'élève au-dessus des immeubles de vieux Alkmaar. Des cavaliers en miniature font entendre toutes les heures un jeu de bagues dans le clocher.

● De molens langs de Hoornse Vaart. De oudste werd in 1635 gebouwd.

● Windmills along the Hoornse Vaart. The oldest of these was built in 1635.

● Die Mühlen entlang der Hoornse Vaart. Die Älteste wurde 1635 erbaut.

● Les moulins situés le long du Hoornse Vaart. Le plus vieux moulin fut construit en 1635.

● Op het plein in Hoorn staat het standbeeld van Jan Pieterszoon Coen.

● Auf dem Platz in Hoorn steht das Standbild von Jan Pieterszoon Coen.

● A statue of Jan Pieterszoon Coen stands on the town square in Hoorn.

● À la place à Hoorn se trouve la statue de Jan Pieterszoon Coen.

● Om de haven van Hoorn te bewaken werd in 1532 de Hoofdtoren gebouwd.

● Um den Hafen von Hoorn zu bewachen, wurde 1532 der Hoofdtoren erbaut.

● The Hoofdtoren was built in 1532 to guard Hoorn harbour.

● En 1532 on construisit la Hoofdtoren pour pouvoir surveiller et garder le port de Hoorn.

● Het West-Friese stadje Hoorn onstond rond 1300 en kwam in de 17de eeuw tot grote bloei. In die tijd was Jan Pieterszoon Coen (1587-1629), afkomstig uit Hoorn, naar Indië gevaren en werd aldaar de eerste gouverneur-generaal. De producten uit Indië werden tegen hoge prijzen via Hoorn in Holland verhandeld.

● The West Frisian town of Hoorn came into being around 1300, and flourished in the 17th century. During this period, Jan Pieterszoon Coen (1587-1629), a native of Hoorn, sailed to the Dutch East Indies to become the first Governor General there. Products from the Dutch East Indies were distributed in Holland via Hoorn, fetching high prices.

● Das westfriesische Städtchen Hoorn entstand um 1300 und hatte seine Blütezeit im 17. Jahrhundert. Zu dieser Zeit war der aus Hoorn gebürtige Jan Pieterszoon Coen (1587-1629) nach Indien gesegelt und wurde dort der erste Generalgouverneur. Die Waren aus Indien wurden zu hohen Preisen über Hoorn in Holland gehandelt.

● La petite ville de Hoorn en West-Friesland (Frise occidentale) fut créée vers 1300 et la ville devint prospère au 17ème siècle. A cette époque-là Jan Pieterszoon Coen (1587-1629), né à Hoorn, partit pour les Indes où il fut nommé le premier gouverneur général. Via Hoorn on vendit en Hollande les produits des Indes aux prix élevés.

● Enkhuizen, gelegen op de oostpunt van West-Friesland, heeft twee havens en is derhalve zeer in trek bij bezitters van plezierjachten. In de 17de eeuw, vanwege zijn welvaart ook wel Gouden Eeuw genoemd, waren de havens wereldberoemd. Hier kwamen de rijk beladen schepen uit Indië aan.

● Enkhuizen, situated in the most easterly part of West Friesland, has two harbours and is for that reason much loved by the owners of pleasure yachts. In the prosperous 17th century (the 'golden century'), these harbours were renowned throughout the world. This is where the richly laden ships returning from the Dutch East Indies first laid anchor.

● Enkhuizen, an der Ostspitze von Westfriesland gelegen, hat zwei Hafen und ist deswegen bei Jachtbesitzern sehr beliebt. Im 17. Jahrhundert, wegen seines Wohlstandes auch das Goldene Jahrhundert genannt, waren die Hafen weltberühmt. Hier kamen die reich beladenen Schiffe aus Indien an.

● La ville d'Enkhuizen, située dans l'est de West-Friesland (la Frise occidentale), possède deux ports. C'est pourquoi la ville attire de nombreux propriétaires de bateaux de plaisance. Au 17ème siècle, dit l'âge d'or, les ports d'Enkhuizen furent connus dans le monde entier. C'était ici qu'arrivèrent les bateaux, abondamment chargés, en provenance des Indes.

● Tijdens feestdagen in het zomerseizoen dragen de meisjes authentieke Enkhuizer kleding.

● During summer holidays, young girls put on their traditional Enkhuizen attire.

● An Festtagen und in der Sommersaison tragen die Mädchen authentische Enkhuizer Tracht.

● Pendant les jours de fête en été les filles sont habillées en costume authentique d'Enkhuizen.

● Huizen aan de Bocht. Op de achtergrond de Dromedaris, een oude vestingtoren.

● Houses on De Bocht. In the background, De Dromedaris, an old fortress tower.

● Häuser an De Bocht. Im Hintergrund De Dromedaris, ein alter Festungsturm.

● Les maisons à De Bocht. Au fond De Dromedaris, l'ancienne tour d'un fort.

● De Zuider-Havendijk.

● The Zuider-Havendijk.

● Der Zuider-Havendijk.

● La Zuider-Havendijk.

● Enkhuizer gezin poseert op zijn wandeling even voor de fotograaf.

● An Enkhuizen family out on a walk poses for the photographer.

● Eine Enkhuizer Familie bleibt auf ihrem Spaziergang kurz für den Fotografen stehen.

● Un photographe fait poser une famille d'Enkhuizen pendant leur promenade.

Pagina 20:
● Jaarlijks worden de havens van Enkhuizen door 40.000 schepen bezocht.

Page 20
● 40,000 boats a year visit the harbours of Enkhuizen.

Seite 20
● Jährlich werden die Hafen von Enkhuizen von 40.000 Schiffen besucht.

Page 20
● Chaque année 40.000 navires visitent les ports d'Enkhuizen.

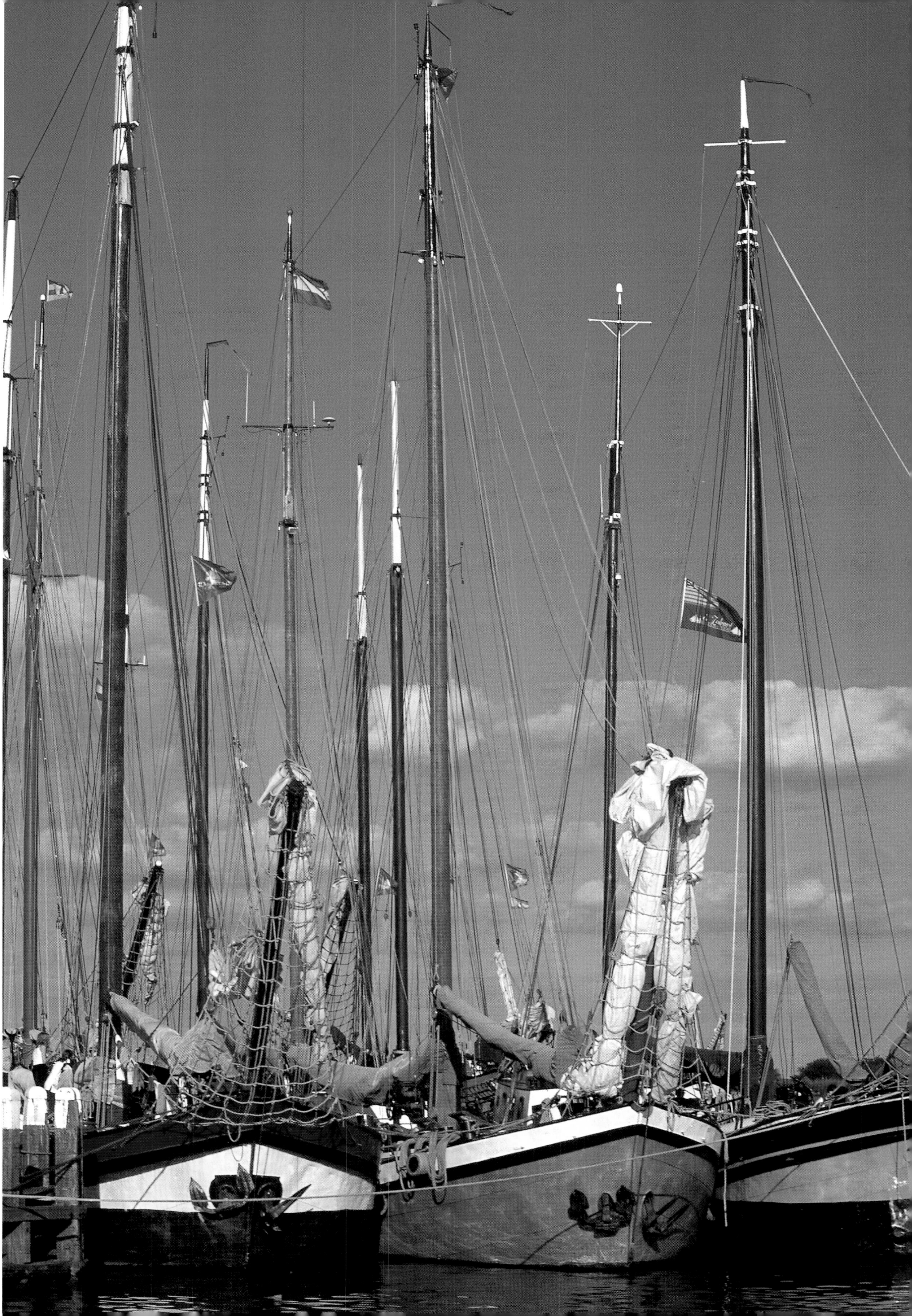

● Lelystad is de hoofdstad van de provincie Flevoland en ligt in de oostelijke Flevopolder, die een oppervlakte van 54.000 ha heeft. De drooglegging van de polder duurde van 1950 tot 1957. In 1967 vestigden zich de eerste bewoners in Lelystad.

● Lelystad is the capital city of Flevoland province. It lies in the eastern Flevo polder, which covers an area of 54,000 hectares. It took several years, from 1950 to 1957, to reclaim the polder. The first inhabitants of Lelystad arrived in 1967.

● Lelystad ist die Hauptstadt der Provinz Flevoland und liegt im östlichen Flevopolder, der eine Oberfläche von 54.000 Hektar hat. Die Trockenlegung des Polders dauerte von 1950 bis 1957. 1967 ließen sich die ersten Bewohner in Lelystad nieder.

● Lelystad, la capitale de la province de Flevoland, se trouve dans l'est du Flevopolder, qui a une surface de 54.000 ha. Les travaux de drainage du polder ont duré de 1950 au 1957. Les premiers habitants arrivèrent en 1967 à Lelystad.

● Centrum van Lelystad met de Kroonpassage en het stadhuis.

● Centre of Lelystad showing the Kroonpassage and city hall.

● Zentrum von Lelystad mit der Kroonpassage und dem Rathaus.

● Le centre de Lelystad avec le Kroonpassage et la Mairie.

● Het Nieuw Land Polder Museum staat vlak bij de Batavia. Er wordt onder meer getoond hoe de Hollanders de zee indijkten en drooglegden.

● The Nieuw Land Polder Museum is alongside the 'Batavia'. Here we can see, among other things, how the Dutch set about damming in the sea and reclaiming the land.

● Das Nieuw Land Polder Museum liegt dicht bei der 'Batavia'. Es wird unter anderem gezeigt, wie die Holländer das Meer eindeichten und trockenlegten.

● Le Nieuw Land Polder Museum se trouve à côté du 'Batavia'. Vous pouvez y voir comment les Hollandais ont endigué et drainé la mer.

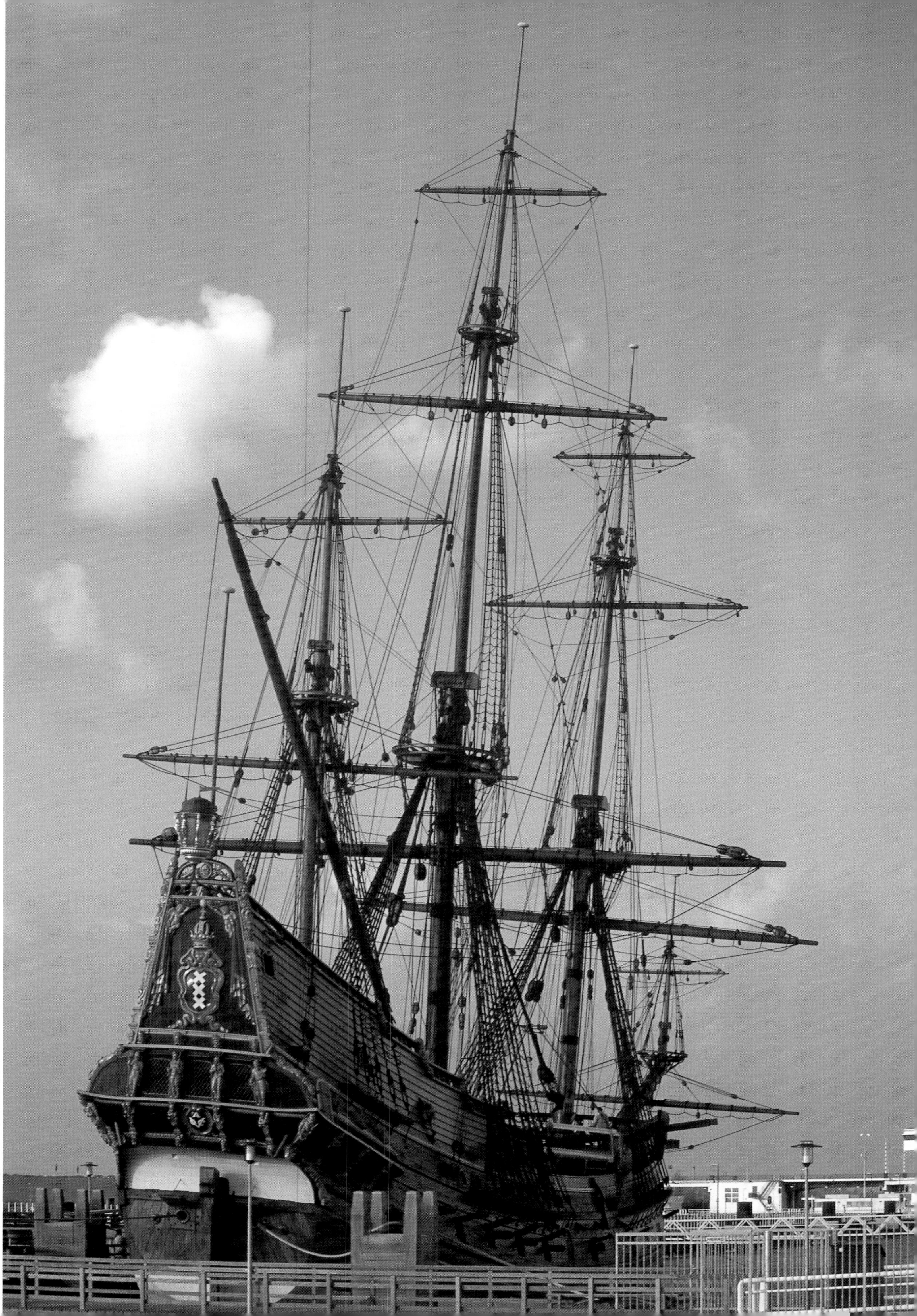

● De 'Batavia', een replica van het gelijknamige zeventiende-eeuwse Nederlandse schip dat voor de kust van Australië verging. Onder leiding van scheepsbouwmeester Willem Vos werd het schip in tien jaar gebouwd. Op 7 april 1995 werd de Batavia te water gelaten. Ze ligt permanent aan de kust voor Lelystad.

● The 'Batavia', a replica of the seventeenth century Dutch ship of the same name which was shipwrecked off the Australian coast. Under supervision of master ship builder Willem Vos, the ship took ten years to build. The 'Batavia' was launched on 7 April 1995. It now lies permanently anchored offshore in Lelystad.

● Die 'Batavia', ein Nachbau des gleichnamigen Schiffes aus dem 17. Jahrhundert, das vor der Küste Australiens unterging. Unter der Leitung von Schiffsbaumeister Willem Vos wurde das Schiff innerhalb von zehn Jahren gebaut. Am 7. April 1995 wurde die 'Batavia' zu Wasser gelassen. Sie liegt ständig an der Küste vor Lelystad.

● Le 'Batavia', une réplique d'un navire néerlandais du même nom au 17ème siècle, naufragé à proximité de la côte australienne. Le navire a été construit en moins de dix ans sous la direction du chef de chantier naval Willem Vos. Le 7 avril 1995 le 'Batavia' fut lancé. Le navire est ancré en permanence à la côte de Lelystad.

● Aalscholvers hebben hun kolonie in de Oostvaardersplassen.

● A colony of cormorants in the Oostvaardersplassen.

● Kormorane haben ihre Kolonie in den Oostvaardersplassen.

● Les cormorans ont leur colonie dans les Oostvaardersplassen.

● Natuurreservaat de Oostvaardersplassen is uniek in Europa. Het is een rust- en broedgebied voor duizenden vogels.

● The Oostvaardersplassen nature reserve is unique in Europe. It is a resting place and breeding ground for thousands of birds.

● Das Naturschutzgebiet Oostvaardersplassen ist einmalig in Europa. Es ist ein Ruhe- und Brutplatz für tausende von Vögeln.

● Les Oostvaardersplassen avec leur réserve naturelle sont uniques en Europe. C'est aussi une région où des milliers d'oiseaux se reposent et couvent leurs oeufs.

● In de koolzaadpolders van zuidelijk Flevoland hebben imkers hun bijenkasten geplaatst.

● Bee-keepers have set up hives in the rape seed polders of southern Flevoland.

● In den Rapspoldern von Südflevoland haben Imker ihre Bienenstöcke aufgestellt.

● Les apiculteurs ont installé leurs ruches dans les polders du Flevoland.

● 's Winters geven de golven van het Markermeer het riet een sprookjesachtig aanzicht.

● Waves on the Markermeer lend a magical charm to the appearance of the reeds in the winter.

● Im Winter bekommt das Schilf durch die Wellen des Markermeers ein märchenhaftes Aussehen.

● En hiver les vagues du Markermeer donnent un aspect féerique aux roseaux.

● Baggerwerkzaamheden op het Markermeer.

● Dredging activities on the Markermeer.

● Ausbaggerungsarbeiten im Markermeer.

● Le dragage dans le Lac de Marken.

● De Waterpoort te Sneek.   ● The Waterpoort in Sneek.   ● Die Waterpoort in Sneek.   ● La Waterpoort à Sneek.

● In 1456 kreeg Sneek het recht zich stad te noemen. Men bouwde een muur rond de stad, die inmiddels verdwenen is. Alleen de Waterpoort, een onderdeel ervan, bleef staan. Sneek ligt centraal in het Friese merengebied, dat bij watersportliefhebbers zeer in trek is.

● In 1456 Sneek was granted the right to call itself a city, and an encircling fortification wall was subsequently built. Only a small part of this wall has survived: the Waterpoort. Sneek lies at the centre of the Frisian lakes district, an area much in demand by lovers of aquatic sports.

● 1456 erhielt Sneek das Stadtrecht zuerkannt. Man baute eine Mauer um die Stadt, die inzwischen verschwunden ist. Nur die Waterpoort, ein Teil davon, blieb stehen. Sneek liegt mitten im friesischen Seengebiet, das bei Wassersportfreunden sehr beliebt ist.

● En 1456 Sneek obtint les franchises communales. On entoura la ville d'un mur qui a disparu maintenant. Il n'en reste qu'une partie: la Waterpoort. La ville de Sneek est située au milieu de la région des lacs de Friesland qui est bien fréquentée par les amateurs de sport nautique.

● Schaatsers op het Sneekermeer.

● Skaters on the Sneekermeer.

● Schlittschuhfahrer auf dem Sneekermeer.

● Les patineurs sur le Lac gelé de Sneek.

• Ingenieur Lely ontwierp het Afsluitdijkproject. De 30 kilometer lange dijk verbindt de kusten van Noord-Holland en Friesland. Na vijf jaar werken was de dijk voltooid. De Zuiderzee werd omgedoopt in IJsselmeer. Op de plek waar de dijk in 1932 gedicht werd (men bouwde van beide kanten) staat het beeld van een arbeider ter ere van alle arbeiders die aan de dijk werkten.

• Civil engineer Lely designed the IJsselmeer Dam project. This 30 kilometre long dam connects the coasts of North Holland and Friesland, and took five years to build. The Zuiderzee was then renamed the IJsselmeer. At the point where the two halves of the dam converged in 1932 (construction was undertaken from both coasts) a statue of a dam worker has been erected in memory of all those who worked on the project.

• Unter der Leitung des Ingenieurs Lely entstand der Afsluitdijk. Der 30 Kilometer lange Deich verbindet die Küsten von Noord-Holland und Friesland. Nach fünf Jahren Arbeit war der Deich vollendet. Die Zuiderzee wurde umgetauft in IJsselmeer. An der Stelle, an welcher der Deich 1932 geschlossen wurde (es wurde von beiden Seiten gebaut), steht das Standbild eines Arbeiters, zu Ehren aller Arbeiter, die den Deich erbauten.

• Le projet de l'Afsluitdijk fut conçu par l'ingénieur Lely. La digue longue de 30 kilomètres fait la liaison entre les provinces Noord-Holland et Friesland. Au bout de cinq ans de travaux, la construction de la digue fut terminée. La Zuiderzee (Mer du Sud) devint IJsselmeer (Lac d'IJssel). A l'endroit où eut lieu le colmatage définitif de la digue en 1932 (on construisait de deux côtés) on a placé la statue d'un travailleur, en honneur de tous les travailleurs qui ont aidé à bien terminer ces travaux.

● Leeuwarden, de hoofdstad van Friesland, is ontstaan door het samenvoegen van drie terpdorpen in 1435. De dorpen werden Nijenhove, Hoek en Oldenhove genoemd. De onafgebouwde, scheefgezakte toren draagt de naam van het laatstgenoemde dorp. De 40 meter hoge toren waaraan van 1529 tot 1532 gebouwd werd, is niet voltooid omdat de grond te slap was voor zijn gewicht.

● Leeuwarden, capital city of Friesland, came into being through the fusion of three knoll villages in 1435. The villages were called Nijenhove, Hoek and Oldenhove. An incomplete, lopsided tower still bears the name of the latter village. This 40 metre construction was erected between 1529 and 1532, but was never completed because the ground was too soft to bear its weight.

● Leeuwarden, die Hauptstadt Frieslands, entstand aus dem Zusammenschluß dreier Warfdörfer im Jahre 1435. Die Dörfer hießen Nijenhove, Hoek und Oldenhove. Der unvollendete, durch Absacken schiefe Turm trägt den Namen des letztgenannten Dorfes. Der 40 Meter hohe Turm, an dem von 1529 bis 1532 gebaut wurde, blieb unvollendet, weil der Untergrund zu weich für sein Gewicht war.

● Leeuwarden, la capitale de la province de Friesland, doit son existence à la jonction de trois villages de tertres en 1435. On appelait ces villages: Nijenhove, Hoek et Oldenhove. La tour, à moitié terminée et courbée, porte le nom Oldenhove. Elle a 40 mètres de hauteur. La tour a été construite entre 1529 et 1532 et la construction n'a pas été terminé, parce que la terre ne pouvait pas porter ce poids.

● De toren Oldenhove.

● The Oldenhove tower.

● Der Turm Oldenhove.

● La tour Oldenhove.

● Jugendstilpand in het centrum van Leeuwarden.

● Jugendstil building in Leeuwarden city centre.

● Jugendstilhaus im Zentrum von Leeuwarden.

● Immeuble en Jugendstil (Art Nouveau) au centre de Leeuwarden.

● Terpkerk even ten zuiden van Leeuwarden.

● Knoll church to the south of Leeuwarden.

● Warfkirche etwas südlich von Leeuwarden.

● Église sur un tertre au sud de Leeuwarden.

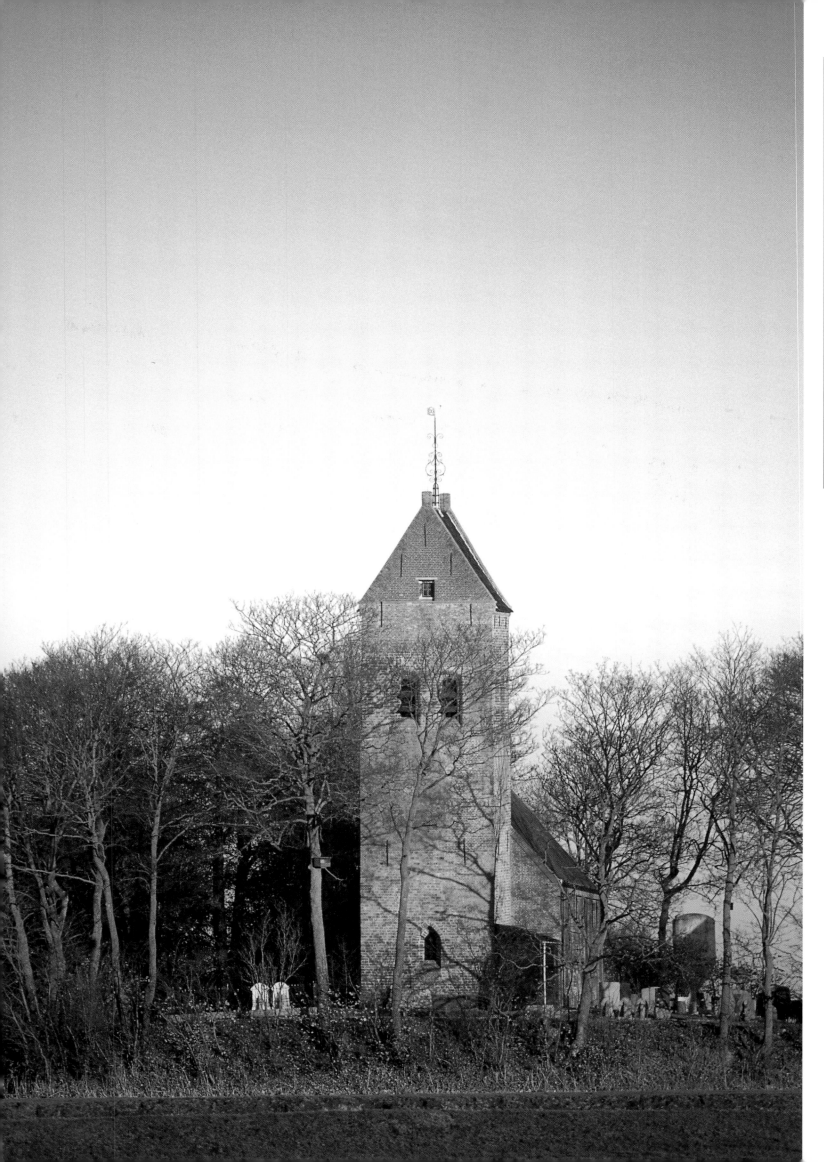

● Het wereldberoemde Friese vee in de polders rond Ljouwert, zoals de Friezen hun hoofdstad noemen.

● The world famous Frisian cow, seen here in the polders surrounding Ljouwert (as the Frisians call their provincial capital).

● Das weltberühmte friesische Vieh in den Poldern um Ljouwert, wie die Friesen ihre Hauptstadt nennen.

● Le bétail de Friesland, mondialement connu, dans les polders autour de Ljouwert comme disent les Frisons en parlant de leur capitale.

● De Waddenzee, waarvan grote delen bij eb droogvallen, vormt een binnenzee tussen het noorden van Holland en de vijf op een rij liggende waddeneilanden.

● The Wadden Sea, large parts of which are dry when the tide ebbs, is an inland sea between the north of Holland and the row of five Frisian Islands.

● Das Wattenmeer, von dem große Teile bei Ebbe trockenliegen, bildet ein Binnenmeer zwischen dem Norden von Holland und den fünf, in einer Reihe liegenden Wattenmeerinseln.

● La Mer des Wadden, dont de grandes parties sont exondées pendant la marée, forme une mer intérieure entre le nord de la Hollande et les cinq îles alignées des Wadden.

● Het dorp West-Terschelling, dat aan de haven van het eiland Terschelling ligt, gezien vanaf de vuurtoren De Brandaris.

● The village of West-Terschelling in the harbour of Terschelling, as seen from lighthouse De Brandaris.

● Das Dorf West-Terschelling, das am Hafen der Insel Terschelling liegt, aufgenommen vom Leuchtturm De Brandaris.

● Le village de West-Terschelling, situé au port de l'île de Terschelling, vu du phare De Brandaris.

● Wie de Waddenzee bevaart, krijgt soms bezoek van een nieuwsgierige zeehond.

● Sailors on the Wadden Sea risk attracting the attention of curious seals.

● Wer auf dem Wattenmeer unterwegs ist, bekommt manchmal Besuch von einem neugierigen Seehund.

● Celui qui navigue la Mer des Wadden est parfois surpris par une visite d'un phoque curieux.

● Het eiland Schiermonnikoog, bekend om zijn ongerepte natuurschoon.

● The island of Schiermonnikoog, renowned for its untainted wildlife.

● Die Insel Schiermonnikoog, bekannt für ihre unberührte Natur.

● L'île de Schiermonnikoog, renommée pour sa nature vierge.

● De Martinitoren, die aan de Grote Markt in het centrum van Groningen staat, is 96 meter hoog.

● The Martinitoren on the Grote Markt in the centre of Groningen, is 96 metres high.

● Der Martinitoren, der am Grote Markt im Zentrum von Groningen steht, ist 96 Meter hoch.

● La Martinitoren sur la Grote Markt au centre ville a 96 mètres de hauteur.

● Groningen is de hoofdstad van de gelijknamige provincie. De universiteit werd in 1614 als tweede in Nederland opgericht. Groningen staat bekend als gezellige uitgaansstad en herbergt talloze winkels, restaurants en cafés.

● Groningen is the capital city of the province of the same name. Its university, Holland's second, was established in 1614. Groningen is known as an excellent place for going out, offering the visitor innumerable shops, restaurants and cafés.

● Groningen ist die Hauptstadt der gleichnamigen Provinz. Die Universität wurde 1614 als zweite in den Niederlanden gegründet. Groningen ist bekannt als gemütliche Ausgehstadt und beherbergt zahllose Geschäfte, Restaurants und Cafés.

● Groningen est la capitale de la province de Groningen. Son université fut fondée en 1614 comme deuxième université aux Pays-Bas. La ville de Groningen est connue pour son agréable ambiance, il y a de nombreux magasins, restaurants et cafés.

● Het oude, neoklassieke stadhuis aan de Grote Markt werd tussen 1802 en 1810 gebouwd.

● The old neo-classical city hall on the Grote Markt was built between 1802 and 1810.

● Das alte, neoklassizistische Rathaus am Grote Markt wurde zwischen 1802 und 1810 erbaut.

● L'ancien hôtel de ville en style néoclassique sur la Grote Markt fut construit entre 1802 et 1810.

● In het Goudkantoor, gelegen achter het oude stadhuis, is thans een restaurant gevestigd.

● Today there is a restaurant in the Goudkantoor, situated just behind the old city hall.

● Das Goudkantoor hinter dem alten Rathaus beherbergt heute ein Restaurant.

● Dans le Goudkantoor, situé derrière l'ancien hôtel de ville se trouve maintenant un restaurant.

● Het Groninger Museum ligt tegenover het station aan de Emmasingel.

● The Groninger Museum is opposite the railway station on the Emmasingel.

● Das Groninger Museum liegt gegenüber vom Bahnhof an der Emmasingel.

● Le Groninger Museum se trouve juste en face de la gare à Emmasingel.

● *Het Peerd van Ome Loeks* is gemaakt naar aanleiding van een Gronings volksliedje: 'Het Peerd van Ome Loeks is dood'. Het handelt over een boer die zijn paard uit zuinigheid te weinig eten gaf en hard liet werken zodat het dier tenslotte bezweek.

● *Het Peerd van Ome Loeks* (Uncle Loeks' Horse) was made with a Groningen folk song in mind, about a farmer who works his horse too hard, and feeds it too little, until it dies.

● *Het Peerd van Ome Loeks* ist nach dem Vorbild aus einem Groninger Volkslied geschaffen. Das Lied handelt von einem Bauern, der seinem Pferd aus Geiz zu wenig Essen gab und es hart arbeiten ließ, so daß das Tier schließlich starb.

● *Het Peerd van Ome Loeks* (Le Cheval de l'Oncle Loeks) a été créée d'après une chanson populaire d'antan. Il s'agit d'un paysan qui, par avarice, donnait trop peu à manger à son cheval et en plus il le faisait travailler si dur qu'enfin le cheval meure.

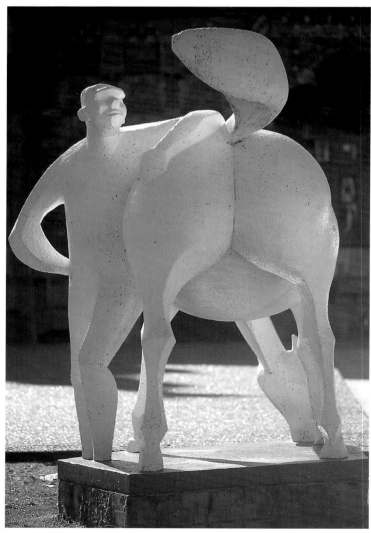

● De provincie Drenthe is bekend om zijn grote landschappelijke schoonheid. Het land heeft hier en daar een glooiend karakter en is rijk aan uitgestrekte heidevelden en bossen. De lage heuvels werden gevormd door de bewegingen van gletsjers uit de laatste ijstijd. Het ijs voerde grote stenen uit Scandinavië mee waar later het prehistorische klokbekervolk monumenten van bouwde, die hunebedden worden genoemd.

● The province of Drenthe is well known for the special beauty of its landscape, which in places seems to glow with a natural light of its own. It is richly endowed with moorlands and forest. The low hills were formed by the movement of glaciers during the last ice age, which brought with them large rocks from Scandinavia. These were later used by the beaker people to build the megalithic monuments known in Dutch as 'hunebedden'.

● Die Provinz Drenthe ist für ihre große landschaftliche Schönheit bekannt. Das Land ist an manchen Stellen sanft gewellt und ist reich an ausgedehnten Heidefeldern und Wäldern. Die niedrigen Hügel wurden durch Gletscherwanderung während der letzten Eiszeit geformt. Das Eis führte große Steine aus Skandinavien mit sich, aus denen später das prähistorische Glockenbechervolk sogenannte Hünengräber errichtete.

● La province de Drenthe est connue pour la beauté de son paysage, à certains endroits le pays est vallonné ou descend en pente douce. Il y a beaucoup de landes et de forêts. Les petites collines furent formées par les mouvements des glaciers pendant la période glaciaire. La glace emporta de grandes pierres de la Scancinavie dont plus tard le peuple du vase campaniforme construisit des monuments qu'on appelle 'hunebedden' (mégalithes).

● Hunebed bij Drouwen.

● Megalith near Drouwen.

● Hünengrab bei Drouwen.

● Mégalithe près de Drouwen.

● Schaapskudde op heide bij Ruinen.

● Flock of sheep on moorlands beside Ruinen.

● Schaafherde auf der Heide bei Ruinen.

● Troupeau de moutons sur la lande près de Ruinen.

● Giethoorn, een dorp gelegen in de kop van Overijssel te midden van drassige weide- en moerasland, is het best te voet of per boot te verkennen. Het dorp dat uit de 16de eeuw stamt, dankt zijn naam aan de grote hoeveelheid geitenhoorns die turfstekers tijdens hun werk aantroffen. Het dorp wemelt van de vaarten en sloten waarover zich voetgangersbruggetjes spannen.

● Giethoorn, a village at the northern tip of Overijssel surrounded by soggy fields and marshes, is best explored on foot, or by boat. This 16th century village owes its name to the huge numbers of goat horns ('geitenhoorns') found by peat cutters. The village is full of waterways and ditches traversed by footbridges.

● Giethoorn, ein Dorf im Nordwesten von Overijssel, inmitten von feuchten Wiesen und Sumpfland gelegen, lernt man am besten zu Fuß oder mit dem Boot kennen. Das Dorf, das aus dem 16. Jahrhundert stammt, verdankt seinen Namen der großen Anzahl von Ziegenhörnern, die Torfstecher bei ihrer Arbeit fanden. Im Dorf wimmelt es von Kanälen und Wassergräben, über die sich kleine Fußgängerbrücken spannen.

● Si vous voulez visiter Giethoorn, un village situé dans le nord de la province d'Overijssel au milieu de prés marécageux et de marais, le mieux est d'y aller à pied ou en bateau. Ce village du 16ème siècle doit son nom à la grande quantité de cornes de chèvre, trouvées par les tourbiers pendant leur travail. Le village est traversé par des canaux et des fossés avec des petits ponts pour les piétons.

● Jantje Haasjes uit Staphorst, gekleed in traditioneel zondags kostuum.

● Jantje Haasjes of Staphorst, in traditional Sunday costume.

● Jantje Haasjes aus Staphorst in ihrer traditionellen Sonntagstracht.

● Jantje Haasjes de Staphorst, habillé en costume traditionnel de dimanche.

● Onder de kanten muts zit een zilveren hoofdkap waaraan aan weerszijden uit zeven wendingen bestaande gouden krullen zitten. Bij zeer rijke boerinnen telden de krullen acht wendingen. Tevens zaten er kleine belletjes onder aan de kap.

● Under the lace hood is a silver cap, decorated by a golden curl with seven twists on either side. The richer farmers' wives would normally have had a curl with eight twists. Tiny bells under the cap were also once customary.

● Unter der Spitzenhaube sitzt eine silberne Kopfhaube, an der an beiden Seiten sieben Mal gewundene goldene Locken sitzen. Bei sehr reichen Bäuerinnen hatten die Locken acht Windungen, außerdem hingen kleine Glöckchen unten an der Haube.

● Sous la coiffe en dentelle il y a un petit bonnet en argent orné de part et d'autre de boucles dorées qui comptent sept ondulations. Les paysannes très riches ont des boucles avec huit ondulations. En plus il y avait de petites clochettes en dessous du bonnet.

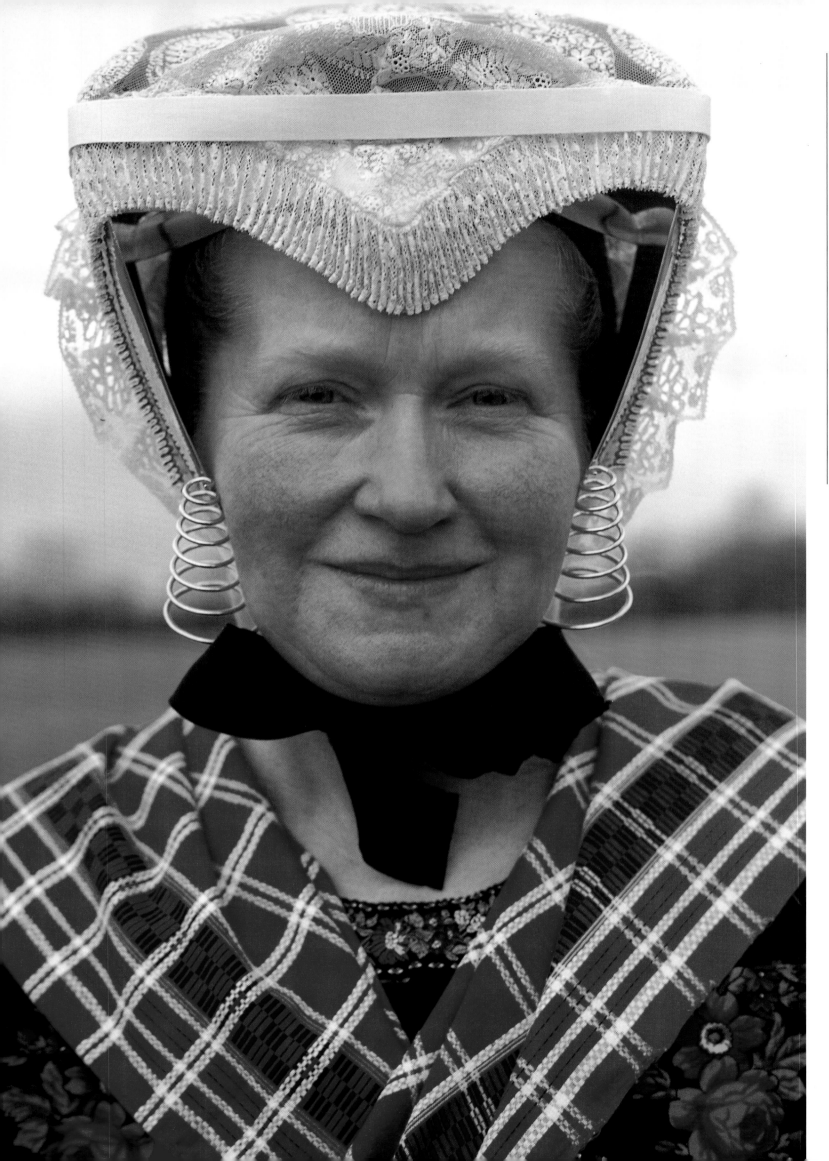

● Kampen, gelegen aan de IJssel, was in de 13de eeuw een welvarende handelsstad. De economie was gebaseerd op de haringvangst voor de kusten van Zuid-Zweden. De riante huizen waar deze stad zo rijk aan is, werden in die tijd gebouwd.

● In the 13th century, Kampen on the IJssel was a flourishing trading city. Her economy was based upon the herring catch off the coast of southern Sweden. The luxurious homes so typical of the city were built during this prosperous period.

● Kampen, gelegen an der IJssel, war im 13. Jahrhundert eine wohlhabende Handelsstadt. Die Wirtschaft basierte auf dem Heringsfang vor den Küsten von Südschweden. Die prächtigen Häuser, an denen diese Stadt so reich ist, wurden in dieser Zeit gebaut.

● Au 13ème siècle Kampen, situé au bord de la rivière IJssel, était une ville prospère. L'économie était fondée sur la pêche au hareng à proximité de la côte du sud de la Suède. Dans la ville de Kampen il y a de nombreuses maisons spacieuses construites au 13ème siècle.

● De IJsselkade.

● The IJsselkade.

● Die IJsselkade.

● L'IJsselkade.

● De IJsselbrug bij Kampen.　　● The IJsselbrug near Kampen.　　● Die IJsselbrug bei Kampen.　　● L'IJsselbrug à Kampen.

41

● Schiereilandje in de IJssel.　　● Peninsula on the IJssel.　　● Halbinsel in der IJssel.　　● Péninsule dans l'IJssel.

● IJsselpolders.

● IJssel polders.

● IJsselpolder.

● Polders IJssel

42

● Zwolle, de hoofdstad van Overijssel, ontwikkelde zich uit de nederzetting die rond 1000 ontstond en Suol genoemd werd. In de 13de eeuw groeide Zwolle uit tot een belangrijke handelsstad. Van de inmiddels afgebroken stadsmuur is alleen de Sassenpoort bewaard gebleven.

● Zwolle, the capital of Overijssel, originates from a settlement which grew up around the year 1000 called Suol. Zwolle expanded in the 13th century to become an important centre of trade. The city's old fortification wall was dismantled, and today only the Sassenpoort remains.

● Zwolle, die Hauptstadt von Overijssel, entwickelte sich aus einer Niederlassung, die um das Jahr 1000 entstand und Suol genannt wurde. Im 13. Jahrhundert wuchs Zwolle zu einer wichtigen Handelsstadt heran. Von der inzwischen abgerissenen Stadtmauer ist nur die Sassenpoort erhalten geblieben.

● Zwolle, la capitale de la province d'Overijssel, prend son origine dans un vieux hameau de l'année 1000 qui s'appelait Suol. Au 13ème siècle Zwolle devint une importante ville commerçante. De l'ancienne muraille de la ville ne reste que la Sassenpoort.

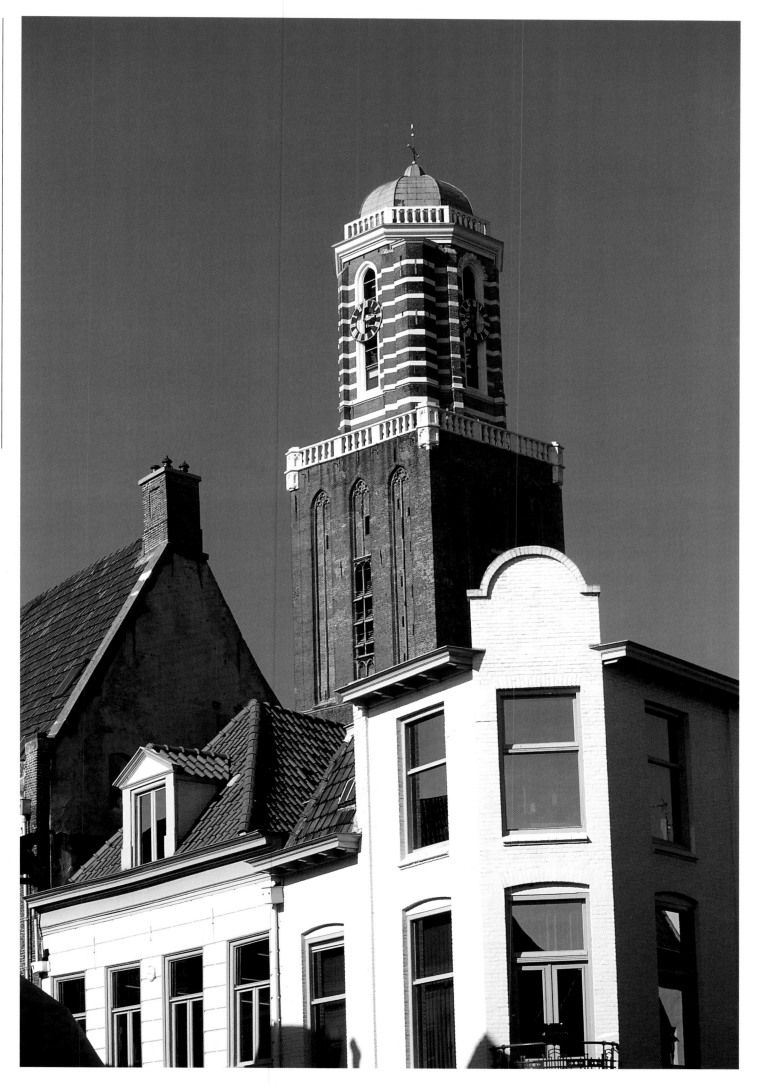

Deventer behoort tot Nederlands oudste steden. De stad ligt aan de IJssel. In het jaar 1000 wordt er intensief handel gedreven. De toren van de Grote of St.-Lebuïnuskerk stamt uit 1463. Thans is Deventer een bezienswaardige stad met voorname gerestaureerde huizen en veel uitgaansmogelijkheden.

Deventer is one of Holland's oldest cities. It stands on the shores of the IJssel. In the year 1000 it was a busy trading centre. The steeple of the Grote Kerk, also known as the St.-Lebuïnuskerk, was constructed in 1463. Deventer today has numerous historical points of interest, as well as elegantly restored homes and plenty of leisure facilities.

Deventer ist eine der ältesten Städte der Niederlande. Die Stadt liegt an der IJssel. Um die Jahrtausendwende wurde hier intensiv Handel getrieben. Der Turm der Grote Kerk oder St.-Lebuïnuskerk stammt aus dem Jahr 1463. Heute ist Deventer eine sehenswerte Stadt mit eleganten, restaurierten Häusern und vielen Ausgehmöglichkeiten.

Deventer est une des plus vieilles villes des Pays-Bas. La ville est située au bord de la rivière IJssel. Vers l'an 1000 le commerce y était intensif. La Tour de la Grote Kerk ou St.-Lebuïnuskerk date de 1643. Maintenant Deventer est une ville digne d'être vue avec des maisons renovées et avec beaucoup de possibilités pour sortir.

● Gezicht op Deventer.

● View of Deventer.

● Blick auf Deventer.

● Vue sur Deventer.

● De Onze-Lieve-Vrouwekerk, Zwolles blikvanger, wordt plaatselijk de 'Peperbus' genoemd.

● The Onze-Lieve-Vrouwekerk (Church of Our Lady), Zwolle's most striking building, is referred to locally as the 'Peperbus' (Pepper Box).

● Die Onze-Lieve-Vrouwekerk, Zwolles Blickfang, wird hier auch 'Peperbus' (Pfefferstreuer) genannt.

● Onze-Lieve-Vrouwekerk (L'Église de la Notre-Dame), l'accroche de Zwolle, a eu le surnom 'Peperbus' (La Poivrière).

● De IJssel wordt door het binnenvaartverkeer intensief als route gebruikt.

● The IJssel forms an important component of the inland waterways network.

● Die IJssel wird durch die Binnenschiffahrt stark befahren.

● Il y a une intensive navigation intérieure sur l'IJssel.

● IJssellandschap.

● IJssel landscape.

● IJssellandschaft.

● Paysage autour de la rivière IJssel.

• Zutphen ligt aan de samenvloeiing van de IJssel en de Berkel. De statige stad is grotendeels omringd door een middeleeuwse vestingmuur. In de 13de eeuw kwam Zutphen als handelsstad tot bloei. Door de fraaie architectuur getuigt de stad van een rijk verleden.

• Zutphen lies at the conjunction of the IJssel and the Berkel. This stately city is almost completely encircled by a medieval fortification wall. Zutphen flourished as a trading city in the 13th century. Its fine architecture bears witness to a prosperous past.

• Zutphen liegt am Zusammenfluß von IJssel und Berkel. Der stattliche Ort wird großteils von einer mittelalterlichen Festungsmauer umringt. Im 13. Jahrhundert erlebte Zutphen seine Blütezeit als Handelsstadt. Die schöne Architektur der Stadt legt noch heute Zeugnis von dieser reichen Vergangenheit ab.

• Zutphen se situe à l'endroit de la confluence de l'IJssel et la Berkel. La ville spacieuse est entourée d'une muraille médiévale. Au 13ème siècle, Zutphen devint une ville commerçante et florissante. La belle architecture montre le riche passé de la ville.

• Het stadhuis.   • The city hall.   • Das Rathaus.   • L'hôtel de ville.

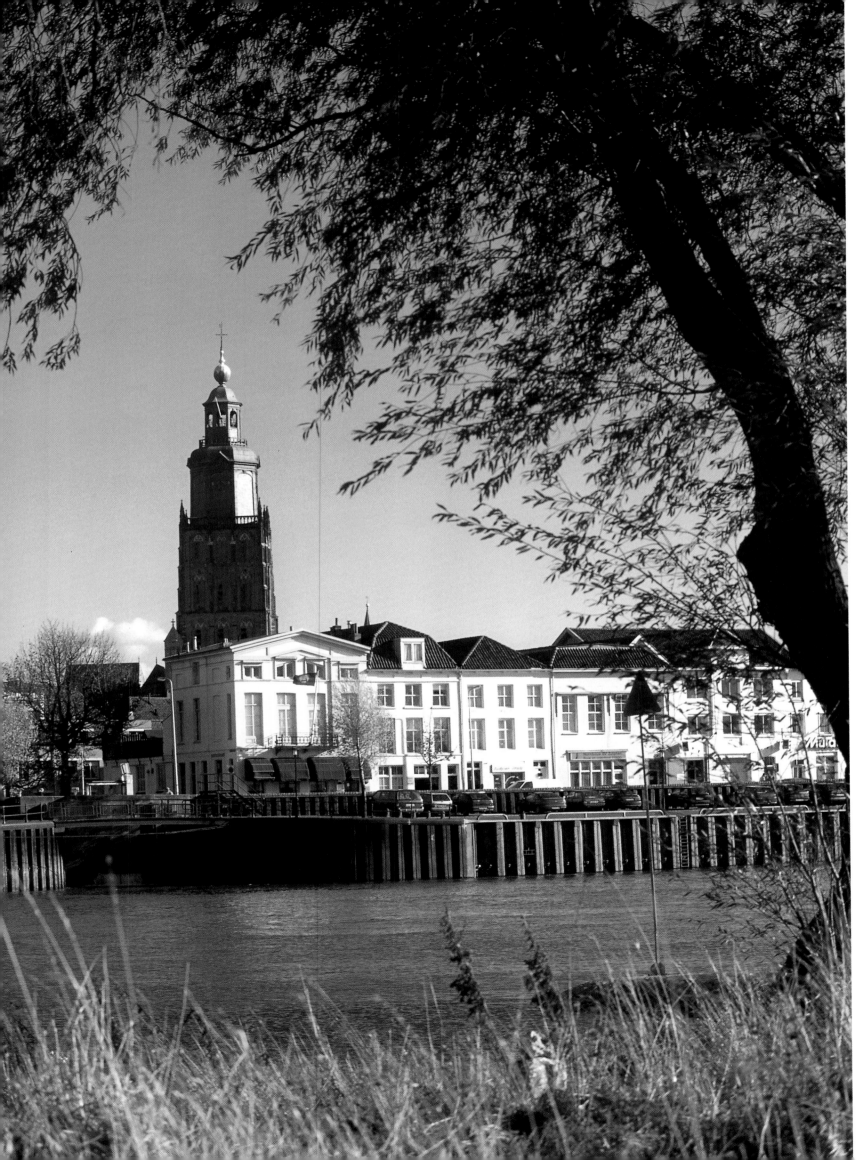

● De St.-Walburgskerk, waaraan men van de 13de tot in de 16de eeuw bouwde.

● The St.-Walburgskerk, constructed between the 13th and 16th centuries.

● Die St.-Walburgskerk, an der vom 13. bis ins 16. Jahrhundert gebaut wurde.

● La St.-Walburgskerk, construite entre le 13ème et le 16ème siècle.

● Het roodbonte IJsselvee.

● The red-and-white IJssel cattle.

● Das rotbunte IJsselvieh.

● Le bétail pie-rouge.

Pagina 48
● Zutphen gezien vanaf de linker IJsseloever.

Page 48
● Zutphen as seen from the west bank of the IJssel.

Seite 48
● Zutphen, gesehen vom linken IJsselufer.

Page 48
● La ville de Zutphen vue de la rive gauche de l'IJssel.

● Nijmegen, gelegen op de heuvels van de oostelijke Waaloever, werd door de Bataven gesticht, die er een nederzetting hadden. Later werden ze door de Romeinen verdreven, die er lange tijd hun kampen opsloegen. Deze historische universiteitsstad is zeer rijk aan bezienswaardigheden en bezit een scala aan interessante gebouwen, waaronder twee musea.

● Nijmegen, situated in the hills on the eastern bank of the Waal river, was founded by the Batavians. The Batavians were later driven out by the Romans, who remained encamped in the area for an extended period. This historical university city is rich in monuments and possesses a wide range of interesting buildings, including two museums.

● Nijmegen, auf den Hügeln des östlichen Waalufers gelegen, wurde von den Bataven gegründet, die hier eine Niederlassung hatten. Später wurden sie durch die Römer vertrieben, die hier lange ihre Lager aufschlugen. Diese historische Universitätsstadt ist sehr reich an Sehenswürdigkeiten und hat viele interessante Gebäude, darunter auch zwei Museen.

● Nijmegen se trouve aux collines de la rive gauche de la rivière Waal. La ville fut fondée par les Bataves qui y eurent des habitations. Plus tard ils ont été chassés par les Romains qui s'y installèrent pendant une longue période. Cette ville universitaire historique est digne d'être vue et elle possède un grand nombre d'édifices intéressantes, entre autres deux musées.

● Het Waaggebouw, daterend uit 1612.　　● The Waag, dating from 1612.　　● Die Stadtwaage aus dem Jahre 1612.　　● La Waag, datant de 1612.

● De Kruittoren in het Kronenburgerpark.

● The Kruittoren (Gun Powder Tower) in the Kronenburgerpark.

● Der Kruittoren (Pulverturm) im Kronenburgerpark.

● La Kruittoren (Tour Poudrière) dans le parc Kronenburg.

● De Ooypolder die ten noorden van Nijmegen ligt.

● The Ooy polder to the north of Nijmegen.

● Der Ooypolder nördlich von Nijmegen.

● Le polder Ooy au nord de Nijmegen.

● Arnhem, de hoofdstad van Gelderland, wordt vanwege zijn vele parken en plantsoenen ook wel de 'Tuinstad' genoemd. De stad ligt aan de Rijn, tegen de heuvels van de zuidelijke Veluwezoom. Arnhem is rijk aan winkelstraten en bezit onder andere een kunstacademie, een schouwburg, enkele musea en een toneelschool.

● Arnhem, capital of Gelderland province, is often called 'Tuinstad' (Garden City) on account of its numerous parks and gardens. It lies alongside the Rhine, and is flanked by the hills of the southern Veluwe. Arnhem has plenty of shopping streets, as well as an art academy, a large theatre, several museums, and a school of drama.

● Arnhem, die Hauptstadt von Gelderland, wird wegen seiner vielen Parks und Grünanlagen auch 'Tuinstad' (Gartenstadt) genannt. Die Stadt liegt am Rhein, am Hügelsaum der südlichen Veluwe. In Arnhem gibt es viele Einkaufsstraßen und unter anderem eine Kunstakademie, ein Theater, ein Museum und eine Schauspielschule.

● A cause de ses nombreux parcs et jardins publics, Arnhem, la capitale de la province de Gelderland, est souvent nommé 'Tuinstad' (Cité-Jardin). La ville est située au bord du Rhin, à côté des collines du sud de la région Veluwe. À Arnhem il y a beaucoup de rues commerçantes, une École des Beaux-Arts, un théâtre, quelques musées et une École d'Art Dramatique.

● Het Duivelshuis.

● The Duivelshuis (Devil's Home).

● Das Duivelshuis (Teufelshaus).

● La Duivelshuis (Maison de Diable).

● De bij de markt gelegen Grote Kerk of Eusebiuskerk dateert uit de 15de eeuw.

● The Grote Kerk or Eusebiuskerk nearby the market, which dates from the 15th century.

● Die am Markt gelegene Grote Kerk oder Eusebiuskerk aus dem 15. Jahrhundert.

● La Grote Kerk ou Eusebiuskerk du 15ème siècle sur la place du marché.

● Park Sonsbeek.

● Sonsbeek Park.

● Park Sonsbeek.

● Le Parc Sonsbeek.

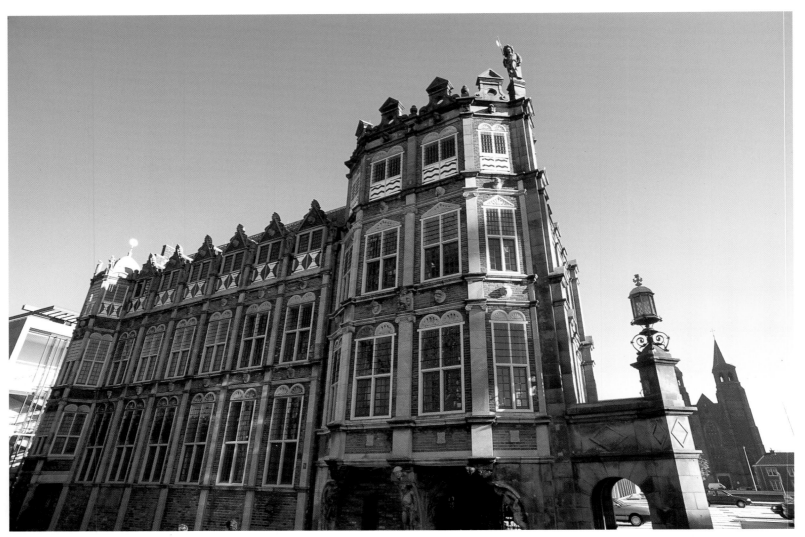

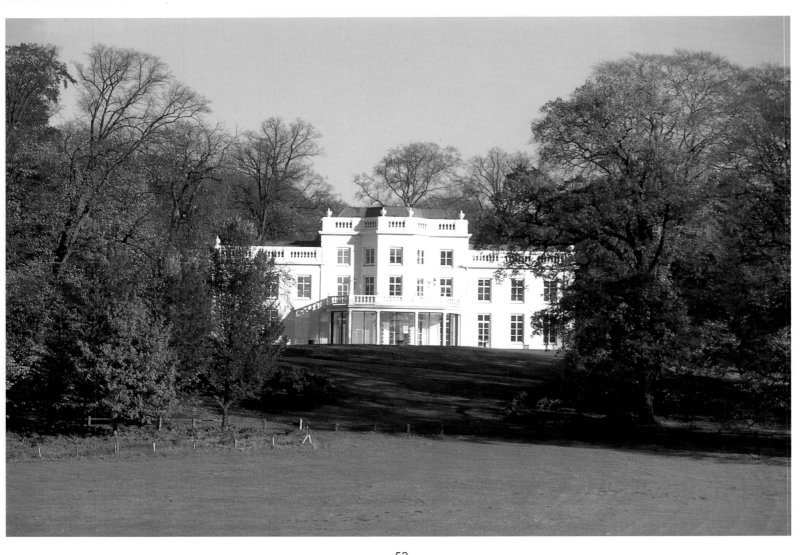

● De Sabelspoort.

● The Sabelspoort (Sabre Gate).

● Die Sabelspoort (Säbeltor).

● La Sabelspoort (Porte de Sabre).

● Ten noordwesten van Arnhem strekt zich het nationaal park de Hoge Veluwe uit, een ongerept natuurgebied van 5400 ha. Te midden van de bossen en zandverstuivingen ligt het Rijksmuseum Kröller-Müller, wereldvermaard om zijn Van Gogh-collectie. Niet ver van het museum ligt het jachtslot St.-Hubertus, ontworpen door de architect Berlage en gebouwd van 1914 tot 1920.

● Northwest of Arnhem is the Hoge Veluwe national park, an unspoilt nature reserve of 54,00 hectares. In the midst of a landscape of woods and shifting sand, is the Rijksmuseum Kröller-Müller, world-renowned for its Van Gogh collection. Not far from the museum is the St.-Hubertus hunting lodge, designed by architect Berlage, and constructed between 1914 and 1920.

● Im Nordwesten von Arnhem erstreckt sich der Nationalpark Hoge Veluwe, ein unberührtes Naturgebiet von 5400 Hektar. Inmitten der Wälder und Sandverwehungen liegt das Rijksmuseum Kröller-Müller, weltberühmt durch seine Van Gogh-Sammlung. Nicht weit vom Museum liegt das Jagdschloß St.-Hubertus, entworfen vom Architekten Berlage und erbaut zwischen 1914 und 1920.

● Au nord-ouest d'Arnhem s'étend le parc national de la Hoge Veluwe, une région avec une nature encore vierge avec une surface de 5400 ha. Au milieu des forêts et des plaines de sable se trouve le Musée National Kröller-Müller, connu dans le monde entier pour sa collection de peintures de Van Gogh. Pas loin du musée est le pavillon de chasse St.-Hubertus, conçu par l'architecte Berlage et construit entre 1914 et 1920.

- Noordelijk van de Hoge Veluwe, even onder Apeldoorn, ligt het woeste Kootwijkerzand.

- To the north of the Hoge Veluwe, just below Apeldoorn, lies the bare terrain of the Kootwijkerzand.

- Nördlich der Hoge Veluwe, unterhalb von Apeldoorn, liegt das urtümliche Kootwijkerzand.

- Au nord de la Hoge Veluwe, un peu au-dessous de la ville Apeldoorn, se trouve un lieu sauvage, Kootwijkerzand.

● Het villadorp Doorwerth leunt tegen Arnhem aan. In de oeverlanden van de Rijn ligt kasteel Doorwerth, daterend uit 1260.

● The villadom of Doorwerth borders on Arnhem. Doorwerth Castle, which dates from 1260, stands on the banks of the Rhine.

● Das Villendorf Doorwerth schließt an Arnhem an. An den Ufern des Rheins liegt Schloß Doorwerth, erbaut im Jahre 1260.

● Le village résidentiel de Doorwerth avoisine de la ville d'Arnhem. À côté du Rhin est le Château Doorwerth de 1200.

● Rhenen dankt zijn naam aan de Romeinen, die het Renus noemden, wat Rijn betekent. De stad ligt op de linkeroever van de Rijn tegen de Grebbeberg en is beroemd om zijn 85 meter hoge Cuneratoren, die in 1531 gereed kwam.

● Rhenen owes its name to the Romans, who called it Renus (Rhine). The city is situated on the west bank of the Rhine beneath the hill of Grebbeberg, and is famous for its 85 metre Cuneratoren (completed in 1531).

● Rhenen verdankt seinen Namen den Römern, die es Renus nannten, was Rhein bedeutet. Die Stadt liegt am linken Ufer des Rheins, am Grebbeberg, und ist berühmt wegen des 85 Meter hohen Cuneratoren, der 1531 vollendet wurde.

● Rhenen doit son nom aux Romains, qui l'appelaient Renus, ce qui veut dire Rhin. La ville se trouve sur la rive gauche du Rhin à côté de Grebbeberg et elle est connue pour sa Cuneratoren qui a été construite et terminée en 1531, la tour a 85 mètres de hauteur.

● Wijk bij Duurstede ligt op de plek waar de naam van de Rijn in Lek verandert. In de Middeleeuwen heette Wijk bij Duurstede Dorestad en het werd verschillende malen door de Noormannen geplunderd.

● Wijk bij Duurstede is situated at the point where the Rhine becomes the Lek. In the middle ages Wijk bij Duurstede was known as Dorestad. It was plundered several times by the Normans.

● Wijk bij Duurstede liegt an der Stelle, wo sich der Name des Rheins in Lek ändert. Im Mittelalter hieß Wijk bij Duurstede Dorestad und wurde einige Male von den Normannen geplündert.

● Wijk bij Duurstede est située à l'endroit où le Rhin devient Lek. Au moyen âge Wijk bij Duurstede s'appelait Dorestad et la ville fut pillée à plusieurs reprises par les Vikings.

● Utrecht, de hoofdstad van de provincie die dezelfde naam draagt, is een oergezellige universiteitsstad die wemelt van de winkels en cafés. Iedere zaterdag wordt er een bloemen- en stoffenmarkt gehouden. De Romeinen legden de grondslag van deze stad, die zij Traiectum noemden.

● Utrecht, the capital city of the province by the same name, is a very pleasant university city full of shops and cafés. Every Saturday a flower and fabric market is set up. The city was founded by the Romans, who called it Trajectum.

● Utrecht, die Hauptstadt der Provinz gleichen Namens, ist eine urgemütliche Universitätsstadt, in der es von Geschäften und Cafés wimmelt. Jeden Samstag wird ein Blumen- und Stoffmarkt abgehalten. Die Römer legten den Grundstein dieser Stadt, die sie Traiectum nannten.

● Utrecht, la capitale de la province d'Utrecht, est une ville universitaire avec beaucoup d'ambiance et de nombreux magasins et cafés. Chaque samedi il y a un marché aux fleurs et un marché de tissus. Utrecht fut créée par les Romains, qui l'appelaient Traiectum.

● Zicht vanaf de Dom op het centrum.

● View of the city centre from the Domtoren.

● Blick vom Domtoren auf das Zentrum.

● Vue de la Domtoren sur le centre ville.

● De bouw van de 112 meter hoge Domtoren duurde van 1321 tot 1382. Hij bestaat uit drie etages en bevat een trap met 465 treden. De Domkerk staat los van de toren. In 1674 teisterde een cycloon de stad en vernielde het middenschip van de kerk.

● The 112 metre Domtoren was constructed from 1321 to 1382. It has three floors and contains a 465 step staircase. The cathedral stands apart from the spire. In 1674, the city was struck by a hurricane which completely destroyed the nave of the church.

● Der Bau des 112 Meter hohen Domtoren dauerte von 1321 bis 1382. Er besteht aus drei Abschnitten und beherbergt eine Treppe mit 465 Stufen. Die Domkerk steht getrennt vom Turm. 1674 verwüstete ein Wirbelsturm die Stadt und vernichtete das Mittelschiff der Kirche.

● La construction de la Domtoren, d'une hauteur de 112 mètres, a duré de 1321 à 1382. La tour a trois étages et un escalier de 465 marches. La cathédrale fut construite indépendamment de la tour. En 1674 la ville a été sinistrée par une cyclone qui détruisit la grande nef.

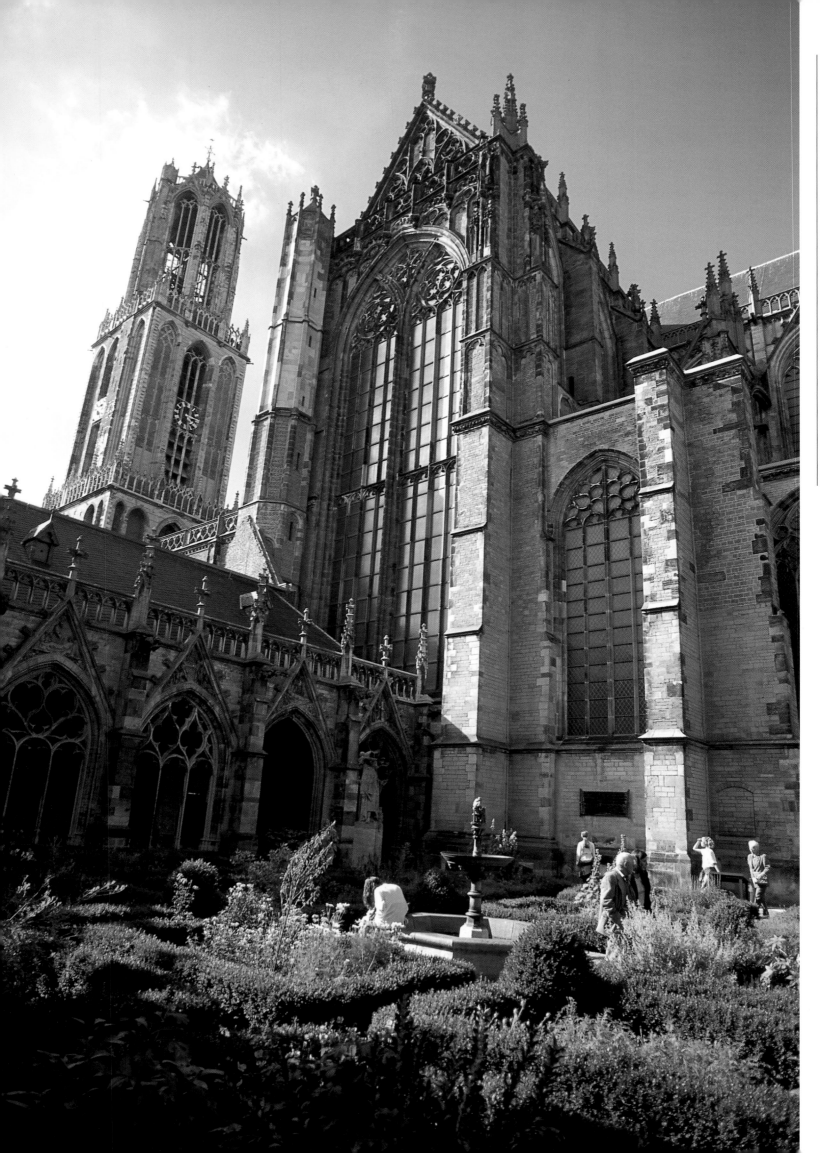

● In de voormalige opslagkelders aan de Oude Gracht zijn nu hoofdzakelijk bistro's en eethuisjes gevestigd.

● Mainly bistros and small restaurants now occupy the old storage cellars on the Oude Gracht.

● In den ehemaligen Lagerkellern an der Oude Gracht sind heute vor allem Bistros und Gasthäuser untergebracht.

● Les anciennes caves d'entrepôt de l'Oude Gracht abritent maintenant les bistros et les restaurants.

● Voorname huizen nabij de Pausdam.

● Prominent houses close to the Pausdam.

● Vornehme Häuser beim Pausdam.

● Des maisons résidentielles près du Pausdam.

- De Vecht, die van Utrecht naar Weesp stroomt, is vermaard om haar schitterende landgoederen die voornamelijk uit de 17de eeuw stammen.

- The Vecht, which flows from Utrecht to Weesp, is renowned for the magnificent, mainly 17th century country estates along its banks.

- Die Vecht, die von Utrecht nach Weesp fließt, ist berühmt für ihre prächtigen Landgüter, die hauptsächlich aus dem 17. Jahrhundert stammen.

- Le Vecht qui va d'Utrecht à Weesp est bordé de magnifiques propriétés pour la plus grande partie du 17ème siècle.

- Kasteel Nijenrode stamt uit het einde van de 13de eeuw. Er is een opleidingsinstituut voor bedrijfskunde in gevestigd.

- Nijenrode Castle was built in the 13th century. Today it houses an institute for business management.

- Schloß Nijenrode stammt aus dem Ende des 13. Jahrhunderts. Heute ist hier ein Institut für Betriebswissenschaft untergebracht.

- Le Château Nijenrode date de la fin du 13ème siècle. On y trouve maintenant un école de gestion.

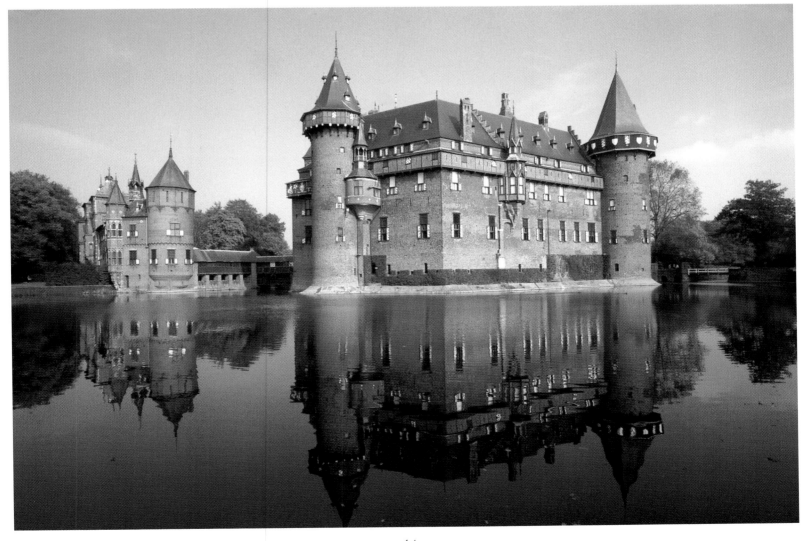

● 'Rupelmonde' ligt op de westelijke oever van de Vecht, iets ten zuiden van het dorpje Nieuwersluis.

● 'Rupelmonde' is on the west bank of the Vecht, a little to the south of the village of Nieuwersluis.

● 'Rupelmonde' liegt am westlichen Ufer der Vecht, etwas südlich des Dorfes Nieuwersluis.

● 'Rupelmonde' se trouve sur la rive ouest du Vecht, un peu au sud du petit village Nieuwersluis.

● Ten oosten van de Vecht, dicht bij Hilversum, ligt 's-Graveland. Daar prijkt het imposante Trompenburg.

● East of the Vecht, near Hilversum, lies 's-Graveland. Here the imposing structure of the Trompenburg dominates the skyline.

● Östlich der Vecht, nahe bei Hilversum, liegt 's Graveland. Hier prunkt die imposante Trompenburg.

● A l'ouest du Vecht, près de Hilversum, se trouve 's-Graveland. C'est là que l'imposante Trompenburg domine le paysage.

● Kasteel De Haar ligt 10 kilometer ten westen van de Vecht. Het is eind 19de eeuw gebouwd op de overblijfselen van het 15de-eeuwse kasteel De Haer.

● De Haar Castle lies 10 kilometres to the west of the Vecht. It was built in the late 19th century on the remains of the 15th century De Haer Castle.

● Schloß De Haar liegt zehn Kilometer westlich der Vecht. Es wurde Ende des 19. Jahrhunderts auf den Überresten des Schlosses De Haer aus dem 15. Jahrhundert erbaut.

● Le Château De Haar se situe 10 km à l'ouest du Vecht. Le château a été construit vers la fin du 19ème siècle sur les restes du château De Haer du 15ème siècle.

● Hilversum heeft het imago van radio- en televisiestad. Hier bevinden zich de omroepverenigingen en televisiestudio's. Het stadhuis is tussen 1928 en 1932 gebouwd naar een ontwerp van architect Dudok.

● Hilversum is best known as a radio and television broadcasting city. It houses the Dutch broadcasting corporations and television studios. The city hall was constructed between 1928 and 1932 according to a design by the architect Dudok.

● Hilversum hat den Ruf einer Radio- und Fernsehstadt. Hier befinden sich die Rundfunkvereinigungen und die Fernsehstudios. Das Rathaus wurde zwischen 1928 und 1932 nach einem Entwurf des Architekten Dudok erbaut.

● Hilversum a la réputation de ville de radio et de télévision. C'est là que se trouvent les associations de l'audiovisuel et les studios de la télévision. L'hôtel de ville a été construit entre 1928 et 1932 d'après un projet de l'architecte Dudok.

● Leo Beekhuiszen uit Eemnes werd in Amerika uitgeroepen tot beste klompenmaker ter wereld.

● Leo Beekhuiszen of Eemnes was declared in America to be the world's best clog maker.

● Leo Beekhuiszen aus Eemnes wurde in Amerika zum besten Klompenmacher der Welt gekürt.

● Leo Beekhuiszen d'Eemnes fut élu en Amérique comme le meilleur sabotier du monde.

● Het vissersplaatsje Spakenburg, gelegen aan het Eemmeer, beschikt over een fraaie vloot van oude IJsselmeerbotters.

● The fishing village Spakenburg, on the shores of the Eemmeer, has a fine fleet of old IJsselmeer fishing boats.

● Der Fischerort Spakenburg, am Eemmeer gelegen, besitzt eine wunderschöne Flotte alter IJsselmeerbotter.

● Le village de pêcheurs Spakenburg au bord de l'Eemmeer (Lac de l'Eem) dispose d'une jolie flotte d'anciens botters d'IJsselmeer.

● In Spakenburg dragen 660 vrouwen, variërend in de leeftijd van 45 tot 101 jaar, dagelijks de traditionele kleding.

● Every day in Spakenburg, some 660 women varying in age from 45 to 101 years, put on traditional costume.

● In Spakenburg tragen 660 Frauen im Alter von 45 bis 101 Jahren täglich ihre traditionelle Kleidung.

● Il y a 660 femmes de 45 à 101 ans à Spakenburg qui portent quotidiennement le costume traditionnel.

● Amersfoort, een gezellige provinciestad, ontstond in de 12de eeuw bij een doorwaadbare plek van de Eem. 'Amer' betekent rivier en 'voorde' doorwaadbare plek. Hiermee is de naam van de stad, waar nog steeds een middeleeuwse sfeer hangt, verklaard. Amersfoort wordt omringd door fraaie singels en stukken van de oude stadsmuur.

● Amersfoort, an attractive provincial city, came into being during the 12th century at a traversable point on the Eem. 'Amer' means river, and 'voorde' means traversable place. This accounts for the name of the city, which still has a medieval atmosphere. Amersfoort is encircled by fine canals and sections of the old city wall.

● Amersfoort, eine gemütliche Provinzstadt, entstand im 12. Jahrhundert an einer Furt durch die Eem. 'Amer' bedeutet Fluß und 'voorde' bedeutet Furt. So erklärt sich der Name der Stadt, in der noch stets eine mittelalterliche Atmosphäre herrscht. Amersfoort wird von schönen Ringgräben und Stücken der alten Stadtmauer umschlossen.

● Amersfoort est une agréable ville de province où il est bon de vivre. La ville fut créée au début du 12ème siècle à côté d'un endroit guéable de l'Eem. 'Amer' veut dire rivière et 'voorde' endroit guéable. Voilà l'explication du nom de la ville où règne toujours une ambiance médiévale. Amersfoort est entouré de jolis canaux et d'une muraille de la vieille ville.

● De Koppelpoort werd begin 15de eeuw gebouwd en kon als land- en waterpoort gebruikt worden.

● The Koppelpoort was built at the start of the 15th century, and could serve as both a land and a water gate.

● Die Koppelpoort wurde zu Beginn des 15. Jahrhunderts erbaut und bildete sowohl über das Wasser als auch über einen festen Weg einen Zugang zur Stadt.

● La Koppelpoort fut construite au début du 15ème siècle et elle fut employée aussi bien pour le transport des véhicules que pour le transport des bateaux.

● Nabij de Zuidsingel. ● Approaching the Zuidsingel. ● Bei der Zuidsingel. ● Près de Zuidsingel.

● Muiden, een oud stadje gelegen aan de monding van de Vecht, is beroemd om zijn slot dat rond 1280 door graaf Floris V gebouwd werd. Van 1609 tot 1647 werd het bewoond door de dichter en historicus Pieter Corneliszoon Hooft, die de Muiderkring stichtte, een genootschap van dichters en schrijvers.

● Muiden, an old town at the mouth of the Vecht, is famous for its Castle (the Muiderslot), built by Count Floris V. The poet and historian Pieter Corneliszoon Hooft lived here from 1609 to 1647. He founded the 'Muiderkring', a society of writers and historians.

● Muiden, ein altes Städtchen an der Mündung der Vecht, ist berühmt wegen seines Schlosses (das Muiderslot), das um 1280 durch Graf Floris V erbaut wurde. Von 1609 bis 1647 wurde es von dem Dichter und Historiker Pieter Corneliszoon Hooft bewohnt, der den 'Muiderkring', eine Vereinigung von Dichtern und Schreibern, gründete.

● Muiden, une petite ville à la bouche du Vecht. Elle est connue pour son château construit vers 1280 par le conte Floris V. De 1609 à 1647 le château a été habité par le poète et l'historien Pieter Corneliszoon Hooft, qui y a fondé le Cercle de Muiden, une association de poètes et d'écrivains.

● Waterfietsers op de Keizersgracht.

● Paddlebikers on the Keizersgracht.

● Tretbootfahrer auf der Keizersgracht.

● Le Keizersgracht avec des amateurs de pédalo.

● Amsterdam, de bruisende hoofdstad van Nederland, ontstond in de 13de eeuw bij een in de Amstel gebouwde dam, daar waar thans het Nationaal Monument staat. In de 17de eeuw kwam de stad tot grote bloei. Welvarende kooplieden lieten er hun riante grachtenhuizen bouwen. De Prinsen-, Keizers- en Herengracht werden onder leiding van stadsarchitect Hendrick de Keyser in 1611 gegraven. Amsterdam ontwikkelde zich tot een wereldstad die zijn weerga niet kent. Het leven gaat er dag en nacht door. De stad biedt een overvloed aan bezienswaardigheden, bioscopen, theaters en musea. Verder is ze beroemd om de vele intieme cafés, antiek- en curiosawinkels en niet te vergeten de Wallen, waar het oudste beroep ter wereld wordt beoefend.

● Amsterdam, the bustling capital of the Netherlands, came into being in the 13th century with the construction of a dam on the Amstel river. The National Monument now stands on the spot. The city flourished in the 17th century. Prosperous merchants had their luxurious houses built on the canals. The Prinsengracht, Keizersgracht and Herengracht were dredged under the supervision of city architect Hendrick de Keyzer. Amsterdam developed into a unique city of world renown. The city is alive night and day. It offers countless places of interest to visitors, as well as movie theatres, theatres and museums. Also famous are the intimate cafés, the antique and curiosity shops and of course the Wallen, the red lights district where the world's oldest profession is practiced.

● Amsterdam, die quirlige Hauptstadt der Niederlande, entstand im 13. Jahrhundert an einem in die Amstel gebauten Damm, dort, wo heute das Nationalmonument steht. Im 17. Jahrhundert erlebte die Stadt ihre höchste Blütezeit. Wohlhabende Kaufleute ließen prächtige Grachtenhäuser bauen. Die Prinsen-, Keizers- und Herengracht wurden 1611 unter der Leitung des Stadtarchitekten Hendrick de Keyser gegraben. Amsterdam entwickelte sich zu einer Weltstadt, die ihresgleichen sucht. Die Stadt ist Tag und Nacht lebendig. Sie bietet Sehenswürdigkeiten im Überfluß, Kinos, Theater und Museen. Außerdem ist sie berühmt für die vielen gemütlichen Cafés, Antiquitäten- und Kuriositätenläden und nicht zu vergessen de Wallen, wo dem ältesten Gewerbe der Welt nachgegangen wird.

● Amsterdam, la capitale animée et passionnée des Pays-Bas, fut créée au 13ème siècle à côté d'un barrage ('dam') construit dans la rivière Amstel à l'endroit où se trouve maintenant le Monument National. Au 17ème siècle la ville devint de plus en plus prospère. Les riches commerçants y faisaient construire leurs confortables hôtels particuliers. Le Prinsengracht, le Keizersgracht et le Herengracht ont été creusés en 1611 sous direction de Hendrick de Keyzer, l'architecte de la ville. Amsterdam se développa et devint une métropole exceptionnelle et sans pareille. La vie y continue nuit et jour. La ville offre une abondance de choses extraordinaires à voir, de curiosités, de cinémas, de théâtres et de musées. En plus elle est réputée pour ses nombreux cafés, boutiques d'antiquités et de curiosités. Et puis il y a aussi les Wallen, le quartier où se pratique la plus vieille profession du monde.

● Aan de gevels van de smalle grachtenpanden bevinden zich takelbalken. Bij verhuizingen worden grote meubelstukken omhoog- of omlaaggehaald.

● Hoisting beams are fixed to the façades of the narrow canal buildings. These are used to lift larger items of furniture in and out when moving house.

● An den Giebeln der schmalen Grachtenhäuser befinden sich Flaschenzugbalken. Bei Umzügen werden daran große Möbelstücke hochgezogen oder herabgelassen.

● Il y a des supports de moufle attachés aux hôtels particuliers étroits. En cas d'un déménagement on fait monter ou descendre de grands meubles.

● Het Paleis op de Dam werd door architect Jacob van Campen tussen 1648 en 1665 gebouwd. Vanwege de zachte grond moest er geheid worden. Het gebouw rust op 13.659 houten palen.

● The Koninklijk Paleis (Royal Palace) on the Dam was built by architect Jacob van Campen between 1648 and 1665. Piles had to be sunk due to the softness of the ground. The building is supported by a total of 13,659 of these wooden piles.

● Das Koninklijk Paleis auf dem Dam wurde von dem Architekten Jacob van Campen zwischen 1648 und 1665 erbaut. Wegen des weichen Untergrundes mußten Stützpfähle eingerammt werden. Das Gebäude steht auf insgesamt 13.659 hölzernen Pfählen.

● Le Koninklijk Paleis (Palais Royal) sur le Dam, d'après un projet de l'architecte Jacob van Campen, a été construit entre 1618 et 1665. À cause de la terre bourbeuse il a été nécessaire d'enfoncer des pilotis pour asseoir les fondations. L'édifice repose sur 13.659 pieux en bois.

● Het Nationaal Monument op de Dam, gemaakt door beeldhouwer Raedecker. Het symboliseert het lijden der mensheid in oorlogstijd.

● The National Monument on the Dam by the sculptor Raedecker. It symbolises the suffering of humanity during war.

● Das Nationalmonument auf dem Dam, geschaffen durch den Bildhauer Raedecker. Es symbolisiert das Leiden der Menschheit in Kriegszeiten.

● Le Monument National sur le Dam du sculpteur Raedecker. La sculpture symbolise la souffrance de l'humanité en temps de guerre.

● In Amsterdam liggen 2400 woonboten, die met elkaar een ruimte van 36 kilometer innemen. Op de achtergrond de Westertoren.

● A total of 2400 houseboats are moored in Amsterdam, stretching over a total distance of 36 kilometres. The Westertoren is in the background.

● In Amsterdam liegen 2400 Hausboote, die aneinandergereiht eine Kette von 36 Kilometern Länge ergäben. Im Hintergrund der Westertoren.

● Il y a 2400 bateaux-logements à Amsterdam occupant tout ensemble 36 km de la surface de l'eau. Au fond la Westertoren.

● Het beeldje van Anne Frank, bij de Westerkerk. Om de hoek ligt het Anne Frank Huis waar het joodse meisje, dat in een Duits concentratiekamp omkwam, haar dramatische dagboek schreef.

● The small statue of Anne Frank next to the Westerkerk. Anne Frank Huis, where the young Jewish girl who died in a German concentration camp wrote her diary, is just around the corner.

● Das Standbild von Anne Frank an der Westerkerk. Um die Ecke liegt das Anne Frank Haus, wo das jüdische Mädchen, das in einem deutschen Konzentrationslager umkam, ihr aufwühlendes Tagebuch schrieb.

● La statuette d'Anne Frank à côté de la Westerkerk. Un peu plus loin à droite sur le Prinsengracht se trouve la Maison d'Anne Frank où Anne Frank, une fillette juive, morte dans un camp de concentration allemand, écrit son journal dramatique.

● Het Rijksmuseum werd van 1877 tot 1885 gebouwd naar een ontwerp van architect Cuypers. Hier hangt onder andere het wereldberoemde schilderij *De Nachtwacht* van Rembrandt van Rijn.

● The Rijksmuseum was built between 1877 and 1885 in accordance with a design by the architect Cuypers. Here, among other great works, hangs the world famous *De Nachtwacht* by Rembrandt van Rijn.

● Das Rijksmuseum wurde zwischen 1877 und 1885 nach einem Entwurf des Architekten Cuypers erbaut. Hier hängt unter anderem das weltberühmte Bild *De Nachtwacht* von Rembrandt van Rijn.

● Le Rijksmuseum fut construit entre 1677 et 1885 d'après un dessin de l'architecte Cuypers. C'est dans ce musée que se trouve le tableau connu dans le monde entier, *De Nachtwacht,* du peintre hollandais Rembrandt van Rijn.

- Keizersgracht, nabij de Vijzelstraat.

- Keizersgracht, approaching the Vijzelstraat.

- Die Keizersgracht bei der Vijzelstraat.

- Le Keizersgracht près de la Vijzelstraat.

- Het Amstel Hotel.   - The Amstel Hotel.   - Das Amstel Hotel.   - L'Hôtel Amstel.

- De Magere Brug over de Amstel.

- The Magere Brug (Narrow Bridge) over the Amstel.

- Die Magere Brug über die Amstel.

- Le Magere Brug (Pont Maigre) sur l'Amstel.

- Het Centraal Station, ontworpen door architect Cuypers, dateert uit 1889 en rust op 8657 houten palen.

- Amsterdam Central Station, designed by architect Cuypers, dates from 1889 and rests on 8657 wooden piles.

- Der Centraal Station (Hauptbahnhof), entworfen von dem Architekten Cuypers, wurde 1889 erbaut und ruht auf 8657 hölzernen Pfählen.

- La Centraal Station (Gare Centrale), d'après un dessin de l'architecte Cuypers de 1889. L'édifice repose sur 8657 pieux en bois.

● Noord-Zuidhollands koffiehuis nabij het Centraal Station.

● Noord-Zuidhollands koffiehuis, approaching Central Station.

● Het Noord-Zuidhollands koffiehuis in der Nähe des Hauptbahnhofs.

● Het Noord-Zuidhollands koffiehuis en face de la Gare Centrale.

● Prins Hendrikkade, waarboven de St.-Nicolaaskerk uittorent.

● The Prins Hendrikkade, dominated by the dome of the St.-Nicolaaskerk.

● Die Prins Hendrikkade, überragt von der St.-Nicolaaskerk.

● Le Prins Hendrikkade avec la tour de la St.-Nicolaaskerk au fond.

- De Montelbaanstoren aan de Oude Schans dateert uit het begin van de 16de eeuw.

- The Montelbaanstoren on the Oude Schans dates from the early 16th century.

- Der Montelbaanstoren an der Oude Schans stammt aus dem Beginn des 16. Jahrhundert.

- La Montelbaanstoren à l'Oude Schans datant du début du 16ème siècle.

- Het Begijnhof uit de 14de eeuw, waarvan de hoofdingang aan het Spui ligt.

- The 14th century Begijnhof. Main entrance on the Spui.

- Der Begijnhof aus dem 14. Jahrhundert, dessen Haupteingang am Spui liegt.

- La Begijnhof du 14ème siècle avec l'entrée principale au Spui.

- De 'Stopera', waarin het Muziektheater is ondergebracht, werd geopend in 1986. Het is een ontwerp van architect Wilhelm Holzbauer. Er worden onder andere ballet- en operavoorstellingen gegeven.

- The 'Stopera' with the Muziektheater, opened in 1986, was designed by architect Wilhelm Holzbauer. Ballet and opera performances, among other things, are staged here.

- Die 'Stopera', in der das Muziektheater untergebracht ist, wurde 1986 eröffnet und ist ein Entwurf des Architekten Wilhelm Holzbauer. Es werden unter anderem Ballet- und Opernvorstellungen gegeben.

- Le 'Stopera' avec le Muziektheater, inauguré en 1986, est l'oeuvre de l'architecte Wilhelm Holzbauer. Il y en a des concerts et des représentations de ballet et d'opéra.

- Het ING Bankgebouw in Amsterdam Zuid-Oost, ontworpen door de architecten Alberts en Van Huut.

- The ING Bank building in Amsterdam Zuid-Oost, designed by architects Alberts and Van Huut.

- Das Gebäude der ING Bank in Amsterdam Zuid-Oost, entworfen durch die Architekten Alberts und Van Huut.

- L'édifice de l'ING Bank à Amsterdam Zuid-Oost, suivant un dessin des deux architectes Alberts et Van Huut.

- NS-station Sloterdijk.

- Sloterdijk railway station.

- Bahnhof Sloterdijk.

- La gare Sloterdijk.

- Het World Trade Centre ligt tegenover het NS-station Zuid.

- The World Trade Center, opposite railway station Zuid.

- Das World Trade Center liegt gegenüber des Bahnhof Zuid.

- Le World Trade Center se trouve en face de la gare Zuid.

● De Rembrandt Tower nabij de Amstel is 150 meter hoog. De bouw duurde tweeëneenhalf jaar. Er zijn hoofdzakelijk kantoren in gevestigd.

● The Rembrandt Tower near the Amstel is 150 metres high. It took two and a half years to build. Most of it is used as office space.

● Der Rembrandt Tower an der Amstel ist 150 Meter hoch. Der Bau dauerte zweieinhalb Jahre. Er beherbergt hauptsächlich Büros.

● La Rembrandt Tower sur la rive gauche de l'Amstel a 150 mètres de hauteur. La construction a duré deux ans. La tour loge principalement des bureaux.

● Het nieuwe stadion de 'Arena' staat in Amsterdam Zuid-Oost.

● The new 'Arena' sport stadium in Amsterdam Zuid-Oost.

● Das neue Stadion die 'Arena' liegt in Amsterdam Zuid-Oost.

● Le nouveau stade 'Arena' se trouve à Amsterdam Zuid-Oost.

● Durgerdam ligt 8 kilometer van het Amsterdamse centrum aan het buiten-IJ. Het bestaat voornamelijk uit een lange rij huizen die langs een dijk staan. Prominent aanwezig is het voormalige gemeentehuis, dat in 1687 gebouwd werd.

● Durgerdam is 8 kilometres from the centre of Amsterdam, situated on the opposite shore of the Buiten IJ. It consists mainly of a long row of houses built along the length of the dike. Its most prominent feature is the old municipal building, built in 1687.

● Durgerdam liegt acht Kilometer vom Zentrum Amsterdams entfernt am Buiten IJ. Es besteht hauptsächlich aus einer langen Häuserreihe, die an einem Deiches steht. Auffällig ist das ehemalige Gemeindehaus, das 1687 erbaut wurde.

● Durgerdam, situé au bord du Buiten IJ, est à huit kilomètres du centre d'Amsterdam. La petite commune de Durgerdam ne comprend qu'une longue rangée d'habitations le long d'une digue. L'ancienne mairie, construite en 1687, est un édifice remarquable.

● Wasgoed wapperend in de voorjaarswind aan de noordpunt van Durgerdam.

● Washing flapping in a spring breeze on the northern tip of Durgerdam.

● Wäsche flattert im Frühjahrswind am Nordende von Durgerdam.

● Du linge étendu et flottant au vent dans le nord de Durgerdam.

● Schiphol groeit uit tot een der grootste luchthavens ter wereld.

● Schiphol is expanding to become one of the largest airports in the world.

● Schiphol entwickelt sich zu einem der größten Flughafen der Welt.

○ Schiphol va être un des plus grands aéroports du monde.

● De naam Schiphol dateert van eeuwen geleden toen het grote Haarlemmermeer zich uitstrekte tussen Amsterdam en Haarlem. In de noordoosthoek vergingen veel schepen vanwege de zuidwesterstormen. Deze plek was een 'hol' (graf) voor schepen en hier bouwde men in de twintigste eeuw de Luchthaven Schiphol. Het droogleggen van het Haarlemmermeer duurde van 1848 tot 1852.

● The name Schiphol dates back several centuries to the time when the waters of the Haarlemmermeer stretched between Amsterdam and Haarlem. Many ships were shipwrecked in the northeast corner of the lake due to southwesterly storms. It was on this spot, a 'hol' (grave) for ships; that Schiphol was built in the twentieth century. Reclamation of the Haarlemmermeer took place between 1848 and 1852.

● Der Name Schiphol ist viele Jahrhunderte alt. Er stammt aus einer Zeit, in der sich zwischen Amsterdam und Haarlem das große Haarlemmermeer erstreckte. In seiner nordöstlichen Ecke gingen infolge der Südweststürme viele Schiffe unter. Auf diese Stelle, ein 'hol' (Grab) für Schiffe, wurdeSchiphol im zwanzigsten Jahrhundert gebaut. Die Trockenlegung des Haarlemmermeeres dauerte von 1848 bis 1852.

○ Le nom Schiphol existe depuis des siècles lorsqu'il y eut le grand lac Haarlemmermeer comme liaison entre Amsterdam et Haarlem. Beaucoup de navires s'y écoulèrent à cause des tempêtes du sud-ouest. Cet endroit devint une 'hol' (caverne), c'est-à-dire une tombe pour 'schepen' (navires) où Schiphol fut construit dans le vingtième siècle. Le drainage du Haarlemmermeer dura de 1848 à 1852.

● Twee van de 109 vliegtuigen die de KLM in gebruik heeft.

● Two of the 109 aircraft in service with KLM Airlines.

● Zwei der 109 Flugzeuge der KLM.

● Deux des 109 avions en service de la KLM.

● De banen van luchthaven Schiphol hebben een lengte van 3300 meter.

● The runways at Schiphol have a total length of 3300 metres.

● Die Start- und Landebahnen von Schiphol haben eine Länge von 3300 Metern.

● Les pistes de l'aéroport de Schiphol ont une longueur de 3300 mètres.

● Haarlem, de hoofdstad van Noord-Holland, stamt uit de 11de eeuw. De fraaie, rustige stad, gelegen achter de duinen, op 8 kilometer afstand van de kust, is rijk aan hofjes en smalle straten waar de sfeer van weleer goed bewaard bleef. Fraaie gebouwen zijn onder andere de 13de-eeuwse Grote Kerk of St.-Bavokerk, Teylers Museum en het Frans Hals Museum.

● Haarlem, capital city of the province of Noord-Holland, was founded in the 11th century. This elegant, peaceful city nestled behind the dunes just 8 kilometres from the coast, is full of 'hofjes', small courtyards, and narrow streets in which the atmosphere of bygone times is well preserved. Among the fine buildings in the city are the 13th century Grote Kerk (also called the St.-Bavokerk), the Teylers Museum, and the Frans Hals Museum.

● Haarlem, die Hauptstadt von Noord-Holland, stammt aus dem 11. Jahrhundert. Die hübsche, ruhige Stadt liegt hinter den Dünen, acht Kilometer von der Küste entfernt. Sie ist reich an 'hofjes' (bebauten Innenhöfen) und schmalen Straßen, in denen noch stets die Atmosphäre von Früher herrscht. Schöne Gebäude sind unter anderem die Grote Kerk oder St.-Bavokerk, das Teylers Museum und das Frans Hals Museum.

● Haarlem, la capitale de la province de Noord-Holland, date du 11ème siècle. La belle ville paisible derrière les dunes à 8 kilomètres de la côte, a de nombreuses petites cours et d'étroites rues où l'ambiance d'antan a bien été conservée. Il y a de magnifiques édifices, e.a. la Grote Kerk ou St.-Bavokerk du 13ème siècle, le Teylers Museum et le Frans Hals Museum.

● Teylers Museum bezit een interessante collectie schilderijen, fossielen en natuurkundige instrumenten.

● The Teylers Museum holds an interesting collection of paintings, fossils, and scientific instruments.

● Das Teylers Museum besitzt eine interessante Sammlung von Bildern, Fossilien und naturwissenschaftlichen Instrumenten.

● Le Teylers Museum possède des interessants collections de tableaux, de fossiles et d'instruments de physique.

● Het beeld van Laurens Janszoon Coster (1405-1484), door sommigen beschouwd als uitvinder van de boekdrukkunst, staat naast de St.-Bavo.

● A statue of Laurens Janszoon Coster (1405-1484), by some considered the inventor of the art of printing, stands next to the church of St.-Bavo.

● Das Standbild von Laurens Janszoon Coster (1405 bis 1484), der als einer der Erfinder der Buchdruckkunst gilt, steht bei der St.-Bavo.

● La statue de Laurens Janszoon Coster (1405-1484), inventeur de l'imprimerie, se trouve à côté de la St.-Bavo.

● De Grote Kerk of St.-Bavokerk aan de Grote Markt.

● The Grote Kerk or St.-Bavokerk on the Grote Markt.

● Die Grote Kerk oder St.-Bavokerk am Grote Markt.

● La Grote Kerk ou St.-Bavokerk sur la Grote Markt.

● Panden aan het Spaarne.

● Buildings on the Spaarne.

● Häuser am Spaarne.

● Des immeubles au bord du fleuve le Spaarne.

● De Amsterdamse Poort of Spaarnwouder Poort werd aan het einde van de 15de eeuw gebouwd.

● The Amsterdamse Poort (or Spaarnwouder Poort) was built at the end of the 15th century.

● Der Amsterdamse Poort oder Spaarnwouder Poort wurde Ende des 15. Jahrhunderts erbaut.

● La Amsterdamse Poort ou la Spaarnwouder Poort fut construite à la fin du 15ème siècle.

● Het stoomgemaal Cruquius, dat bij de drooglegging van het Haarlemmermeer een belangrijke functie had.

● The steam-driven pumping station Cruquius, which played an important part in the reclamation of the Haarlemmermeer.

● Das Dampfpumpwerk Cruquius, das bei der Trockenlegung des Haarlemmermeers eine wichtige Rolle spielte.

● La pompe d'épuisement Cruquius, qui a joué un rôle important à l'époque du drainage du Haarlemmermeer.

● De Amsterdamse Waterleidingduinen liggen ten westen van Haarlem en vormen een dorado voor natuurliefhebbers.

● The Amsterdam Waterleidingduinen (Water Board Dunes) lie to the west of Haarlem, and form an El Dorado for nature lovers.

● Die Amsterdamer Waterleidingduinen liegen westlich von Haarlem und sind ein Dorado für Naturliebhaber.

● Les Waterleidingduinen, les dunes d'ou vient l'eau de conduite de la ville d'Amsterdam, s'étendent à l'ouest de Haarlem et constituent un Eldorado pour les amateurs de la nature.

● De Waterleidingduinen worden door ontelbare dieren bevolkt. Onder andere door knobbelzwanen.

● The Waterleidingduinen (Water Board Dunes) are inhabited by countless animals, including the mute swan.

● Die Waterleidingduinen werden von unzähligen Tieren bevölkert, unter anderem durch Höckerschwäne.

● Les Waterleidingduinen à l'ouest de Haarlem abritent d'innombrables animaux, parmi lesquels les cygnes tuberculés.

● De hoogovens, staalfabrieken en nevenbedrijven liggen ten noordwesten van Haarlem bij Velsen aan het Noordzeekanaal.

● The Hoogovens furnaces, steelworks, and associated industries lie to the northwest of Haarlem, next to Velsen on the Noordzeekanaal.

● Die Hochöfen, Stahlfabriken und damit verbundene Industrie liegen nordwestlich von Haarlem bei Velsen am Noordzeekanaal.

● Les hauts fourneaux, les aciéries et les entreprises annexes se trouvent au nord-ouest de Haarlem, près de Velsen, au bord du Noordzeekanaal.

● Tussen Haarlem en Den Haag strekt zich de wereldberoemde bollenstreek uit, die van begin april tot half mei honderdduizenden bezoekers trekt. In deze tijd bloeien hyacinten, narcissen en tulpen. De tulp werd in 1594 van Turkije naar Holland gebracht. Reeds in de 17de eeuw waren de tulpen zeer geliefd. Men betaalde er extreem hoge prijzen voor. Al vier eeuwen lang is de tulp Hollands nationale bloem.

● The world famous 'Bollenstreek' (bulb growing region) stretches from Haarlem to the Hague, attracting hundreds of thousands of visitors every year in the period from early April until mid May. During this period hyacinths, narcissi and tulips all come into bloom. The tulip was introduced to the Netherlands from Turkey in 1594. The tulip was much loved as long ago as the 17th century, often fetching exorbitant sums of money. It has been Holland's national flower for four centuries.

● Zwischen Haarlem und Den Haag erstreckt sich die weltberühmte 'Bollenstreek' das Land der Tulpen, die von Anfang April bis Mitte Mai hunderttausende von Besuchern anzieht. Dann blühen Hyazinthen, Narzissen und Tulpen. Die Tulpe wurde 1594 aus der Türkei nach Holland gebracht. Bereits im 17. Jahrhundert war sie sehr beliebt, man bezahlte außergewöhnlich hohe Preise für sie. Seit nunmehr vier Jahrhunderten ist die Tulpe die nationale Blume Hollands.

● Entre Haarlem et la Haye s'étend la surface de la fameuse 'Bollenstreek' (région de plantes à bulbes) qui attire du début avril au mi-mai des centaines de milliers de visiteurs. C'est alors que les jacinthes, les narcisses et les tulipes sont en fleurs. En 1594 la tulipe a été emportée de la Turquie en Hollande. Les tulipes furent déjà au 17ème siècle des fleurs très cherchées et adorées. On paya des prix extrêmement élevés pour les obtenir. Ça fait déjà quatre siècles que la tulipe est fleur nationale de la Hollande.

● Tulpenvelden ter hoogte van Hillegom.

● Fields of tulips in the vicinity of Hillegom.

● Tulpenfelder auf der Höhe von Hillegom.

● Les champs de tulipes près de Hillegom.

● Tulpenkweker bezig met het koppen van de bloem, waarna de plant nieuwe bollen produceert.

● Tulip cultivator busy heading the flower, so that the plant will produce new bulbs.

● Tulpenzüchter beim Kuppen der Blume, wodurch die Pflanze neue Zwiebeln produziert.

● Un cultivateur de tulipes en train de découronner la fleur pour que la plante produise de nouveaux bulbes.

- Na vele jaren van bollen kruisen slaagden de kwekers erin een grote variatie aan kleurcombinaties tot stand te brengen.

- After many years of crossing bulbs cultivators succeeded in creating an immense variety of colour combinations.

- Nach vielen Jahren der Zwiebelzucht ist es den Züchtern gelungen, eine große Anzahl Farbkombinationen zu schaffen.

- Après beaucoup d'années de croisement de bulbes les cultivateurs réussirent à créer une grande variété d'associations de couleurs.

- De molen aan de rand van de Keukenhof bij Lisse.

- The windmill at the perimeter of the Keukenhof gardens near Lisse.

- Die Mühlen am Rand des Keukenhofs bei Lisse.

- Le moulin au bord du terrain de Keukenhof près de Lisse.

• Leiden is gebouwd op de plek waar in het jaar 800 drie gehuchten lagen, die de 'Leyten' werden genoemd wat 'aan de wateren' betekent. Leiden behoort tot de meest intieme en interessantste steden van het land. De stad bezit een universiteit, tien musea en een fraaie schouwburg. De vele winkels en cafés zorgen ervoor dat deze studentenstad in een gezellige sfeer gehuld is.

• Leiden was built in the year 800 on a place occupied by three hamlets known as the 'Leyten' (meaning 'on the water').

Leiden is one of the most intimate and interesting cities in the country. It has a university, ten museums, and a fine theatre. Numerous shops and cafés help to preserve the cosy, intimate atmosphere of this student city.

• Leiden ist an der Stelle erbaut, an der im Jahr 800 drei Gehöfte lagen, die Leyten genannt wurden, was 'an den Wassern' bedeutet. Leiden gehört zu den gemütlichsten und interessantesten Städten des Landes. Die Stadt besitzt eine Universität, zehn Museen und ein schönes Theater. Die vielen

Geschäfte und Cafés sorgen für die gemütliche Atmosphäre dieser Studentenstadt.

• Leiden a été construite à l'endroit où en 800 se trouvèrent trois hameaux appelés les 'Leyten', ce qui veut dire 'au bord de l'eau'. Leiden est une des villes les plus intimes et intéressantes du pays. La ville possède une université, dix musées et un magnifique théâtre. Les nombreux magasins et cafés font que cette ville d'étudiants est entourée d'une agréable ambiance.

• In de Lakenhal zetelt het Stedelijk Museum.

• The Lakenhal houses the Stedelijk Museum.

• In der Lakenhal befindet sich das Stedelijk Museum.

• Le Stedelijk Museum dans le Lakenhal.

• De Korenbeurs.

• The Korenbeurs.

• Die Korenbeurs.

• Le Korenbeurs.

• Huizen aan de Nieuwe Rijn.

• Houses on the Nieuwe Rijn.

• Häuser am Nieuwe Rijn.

• Des maisons au bord du Nieuwe Rijn.

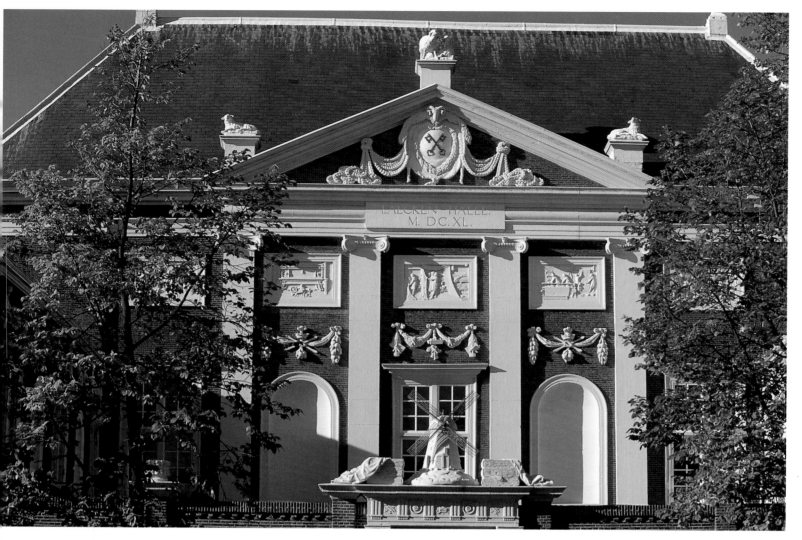

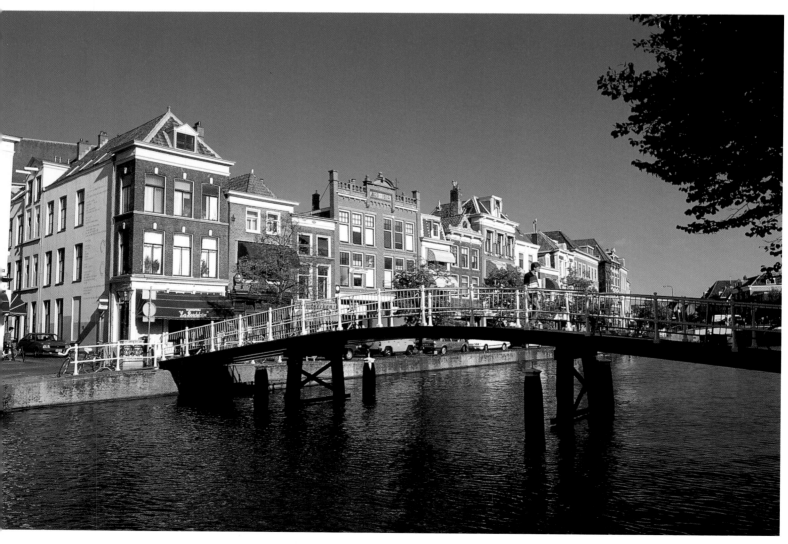

● De Ridderzaal wordt gebruikt bij plechtige bijeenkomsten, onder andere op Prinsjesdag, de derde dinsdag in september, wanneer de koningin de troonrede voorleest.

● The Ridderzaal (Great Hall) is used for ceremonial occasions, including 'Prinsjesdag', the third Tuesday in September and occasion of the Queen's speech.

● Der Rittersaal wird bei feierlichen Anlässen benutzt, unter anderem am 'Prinsjesdag', dem dritten Dienstag im September, an dem die Königin die Thronrede vorliest.

● De Ridderzaal (Grande Salle) est employée à l'occasion des cérémonies, comme celle du 'Prinsjesdag' (Jour des Princes ou jour de l'ouverture du Parlement), le troisième mardi en septembre lorsque la reine lit le discours du trône.

● Den Haag, de hoofdstad van Zuid-Holland en zetel van de regering, heeft een rustig en ingetogen karakter. De stad ontstond in de 13de eeuw toen de graven van Holland rond hun jachtslot huizen lieten bouwen. Thans staat deze plek bekend als het Binnenhof, waarin veel regeringsdepartementen gehuisvest zijn. De Ridderzaal, die op het grote plein te midden van de omliggende gebouwen staat, werd onder leiding van graaf Floris V gebouwd.

● The Hague, capital of Zuid-Holland and seat of the national government, has a peaceful, laid back character. The city originates from the 13th century, when the Counts of Holland had houses built around their hunting lodge. This spot is now known as the Binnenhof, and today it is the seat of many government departments. The Ridderzaal (Great Hall), surrounded by buildings in the middle of the large plain, was built under the supervision of Floris V.

● Den Haag, die Hauptstadt von Zuid-Holland und Sitz der Regierung, hat einen ruhigen und zurückhaltenden Charakter. Die Stadt entstand im 13. Jahrhundert, als die Grafen von Holland Häuser um ihr Jagdschloß herum bauen ließen. Heute ist dieser Platz als der Binnenhof bekannt, an dem viele Ministerien untergebracht sind. Der Rittersaal, der auf dem großen Platz inmitten der umliegenden Gebäude steht, wurde unter der Leitung von Graf Floris V gebaut.

● La Haye, la capitale de la province de Zuid-Holland et siège du gouvernement, a un caractère paisible et modeste. La ville fut fondée au 13ème siècle lorsque les comtes de Hollande firent construire des maisons autour de leur château de chasse. Aujourd'hui cet endroit-là porte le nom de Binnenhof (Cour Intérieure). C'est le centre gouvernamental. La Ridderzaal (Grande Salle), au milieu de la grande place, fut construite sur l'ordre du comte Floris V.

● De Hofvijver met rechts het Binnenhof.

● The Hofvijver (Court Pond), to the right the Binnenhof.

● Der Hofvijver (Hofteich) mit rechts dem Binnenhof.

● De Hofvijver (Bassin de la Cour) et à droit la Binnenhof.

● Het Vredespaleis, waar het Internationaal Gerechtshof zetelt, werd van 1907 tot 1913 gebouwd.

● The Peace Palace, seat of the International Court of Justice, was built between 1907 and 1913.

● Der Friedenspalast, Sitz des Internationalen Gerichtshofes, wurde von 1907 bis 1913 erbaut.

● Le Palais de la Paix, construit entre 1907 et 1913, où siège la Cour Internationale de Justice.

- Standbeeld van koning Willem II.

- Statue of King Willem II.

- Standbild des Königs Willem II.

- Statue du roi Willem II.

Het Mauritshuis, thans een boeiend museum, werd door graaf Johan Maurits van Nassau tussen 1633 en 1644 gesticht.

The Mauritshuis, today a fascinating museum, was founded by Count Johan Maurits van Nassau between 1633 and 1644.

Das Mauritshuis, heutzutage ein faszinierendes Museum, wurde von Graf Johan Maurits van Nassau zwischen 1633 und 1644 errichtet.

La Mauritshuis (Maison de Maurits), maintenant un musée très intéressant, fondée entre 1633 en 1644 par le conte Johan Maurits van Nassau.

● Madurodam, het minidorp waar alle belangrijke Hollandse bouwwerken verkleind te zien zijn, ligt tussen Den Haag en Scheveningen.

● Madurodam, the miniature village containing replicas of all Holland's most important buildings, lies between the Hague and Scheveningen.

● Madurodam, das Miniaturdorf, in dem alle wichtigen Bauwerke Hollands verkleinert zu sehen sind, liegt zwischen Den Haag und Scheveningen.

● Entre La Haye et Scheveningen se trouve Madurodam, le village miniature où sont exposées à l'échelle réduite toutes les importantes constructions en Hollande.

● De Scheveningse Pier.　　● The Scheveningen Pier.　　● Das Pier von Scheveningen.　　● La jetée-promenade de Scheveningen.

● Het Kurhaus, eind vorige eeuw gebouwd.

● The Kurhaus, built at the end of last century.

● Das Kurhaus, erbaut am Ende des vorigen Jahrhunderts.

● La Kurhaus, construite à la fin du dernier siècle.

● Het Noordzeestrand strekt zich uit van Hoek van Holland tot Den Helder.

● The North Sea coast beaches run from Hoek van Holland to Den Helder.

● Der Nordseestrand erstreckt sich von Hoek van Holland bis Den Helder.

● La plage de la Mer du Nord s'étend de Hoek van Holland jusqu'à Den Helder.

● Delft, gelegen tussen Den Haag en Rotterdam, is een bezienswaardige, interessante universiteitsstad. Een ware schatkamer van oude architectuur. De fraaie smalle straten en grachten geven Delft een behaaglijk karakter.

● Delft, between the Hague and Rotterdam, is a university city with numerous places of interest. It is a veritable treasure chest of old architecture. Elegant narrow streets and canals contribute to the easy-going atmosphere which pervades Delft.

● Delft, gelegen zwischen Den Haag und Rotterdam, ist eine sehenswerte und interessante Universitätsstadt, eine wahre Schatzkammer alter Architektur. Die schönen schmalen Straßen und Grachten verleihen Delft einen behaglichen Charakter.

● Delft est situé entre La Haye et Rotterdam. C'est une ville universitaire où il y a tant de choses intéressantes à voir. Un vrai trésor de l'architecture d'antan. Les jolies rues et les canaux étroits donnent à Delft une agréable ambiance.

● De Oostpoort dateert van 1400.

● The Oostpoort dates from 1400.

● Die Oostpoort stammt aus 1400.

● L'Oostpoort date de 1400.

● De Nieuwe Kerk, waarin zich een grafkelder van het Koninklijk Huis bevindt. Op de voorgrond het stadhuis.

● The Nieuwe Kerk, containing the tombs of the royal family. The city hall is in the foreground.

● Die Nieuwe Kerk, in der sich eine Grabgewölbe des Königlichen Hauses befindet. Im Vordergrund das Rathaus.

● La Nieuwe Kerk, où se trouve une crypte de la famille royale. Au premier plan on voit l'hôtel de ville.

● Etalage aan de Markt met het beroemde Delfts blauwe aardewerk.

● Shop front on the Markt displaying Delft Blue pottery.

● Auslage am Markt mit dem berühmten blauen Delfter Porzellan.

● Vitrine sur la Markt avec le faïence de Delft.

Pagina 105
● In het Prinsenhof, eens zetel van Willem van Oranje die er op 10 juli 1584 vermoord werd, is thans een geschiedkundig museum gehuisvest.

Page 105
● In the Prinsenhof, once the seat of William of Orange (and the place of his assassination on 10 July 1584), there is now an historical museum.

Seite 105
● Im Prinsenhof, einst Sitz von Willem van Oranje, der dort am 10. Juli 1584 ermordet wurde, ist heute ein historisches Museum untergebracht.

Page 105
● Il y a maintenant un musée historique dans le Prinsenhof où dans le temps vit Willem van Oranje et qu'il fut assassiné le 10 juillet 1584.

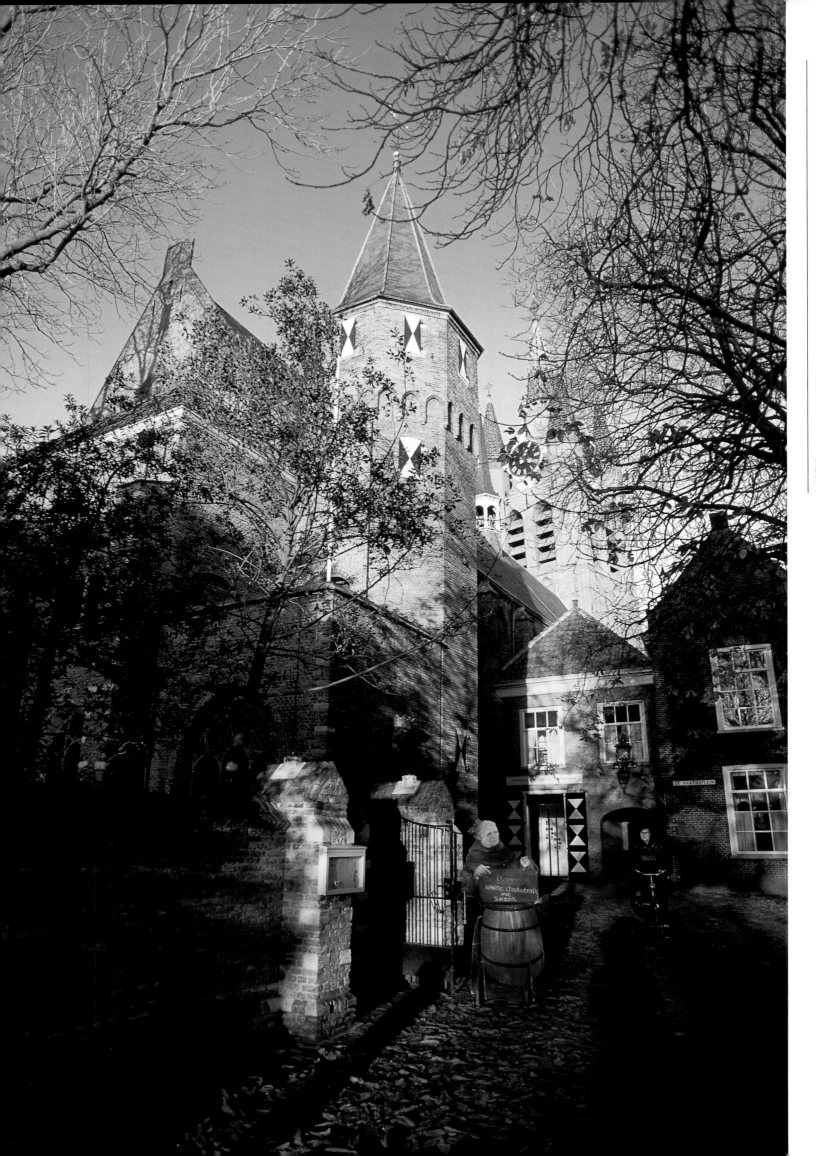

● Gouda, een typische door polders omsloten provinciestad, is beroemd om zijn kaas- en kaarsenindustrie. De stad stamt uit de 12de eeuw en bloeide in de 15de eeuw op door nijverheid en handel.

● Gouda, a typical provincial city encircled by polder landscape, is known for its cheese and its candle-making industry. The city was founded in the 12th century and flourished in the 15th due to a surge in industry and commerce.

● Gouda, eine typische, von Poldern umschlossene Provinzstadt, ist berühmt für seine Käse- und Kerzenindustrie. Die Stadt stammt aus dem 12. Jahrhundert und erblühte im 15. Jahrhundert durch Handwerk und Handel.

● Gouda, une ville typiquement provinciale, entourée de polders, est connue pour son industrie de fromages et de bougies. La ville fut fondée au 12ème siècle et devint prospère au 15ème siècle par l'artisanat et le commerce.

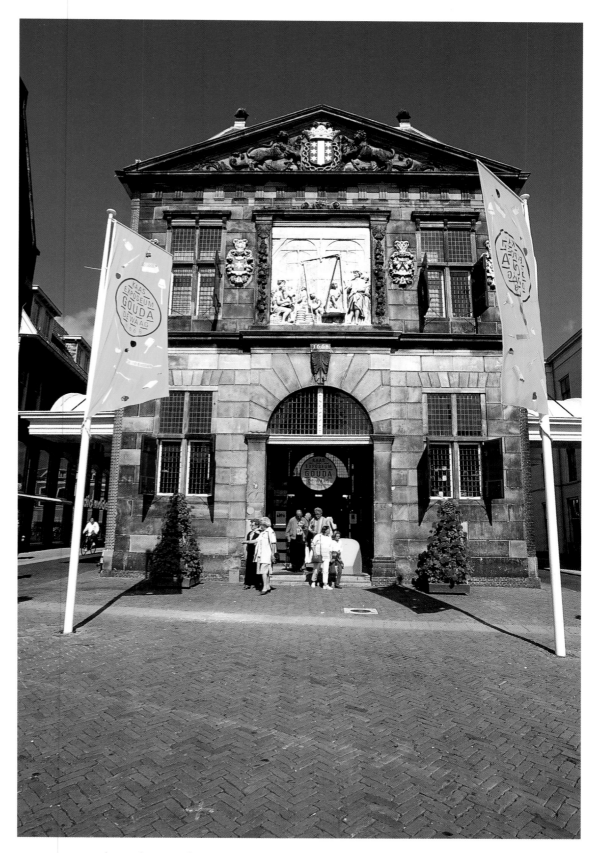

● De Waag op de Markt, waar het Kaasexposeum gevestigd is.

● The Waag (Weighing-house) on the Markt, where the Kaasexposeum (Cheese Exhibition) is set up.

● Die Stadtwaage auf dem Markt, in der das Kaasexposeum (Käse Museum) untergebracht ist.

● Le Waag (Poids Public) sur la Markt où se trouve la Kaasexposeum (Exposition de Fromage).

● Langs de Lage Gouw.

● Alongside the Lage Gouw.

● An der Lage Gouw.

● Le long de la rivière Lage Gouw.

● Gevelsteen boven de ingang van het Waaggebouw.

● Plaque above the entrance to the Waag.

● Giebelstein über dem Eingang der Stadtwaage.

● Pierre de façade au-dessus de l'entrée du Waag.

● Station Blaak met op de achtergrond 'Het Potlood' en de kubuswoningen.

● Blaak Station, with 'Het Potlood' (The Pencil) and the cubical apartments in the background.

● Der Bahnhof Blaak mit im Hintergrund 'Het Potlood' (Der Bleistift) und den Würfelwohnungen.

● La Gare Blaak avec au fond 'Het Potlood' (Le Crayon) et les habitations en forme de cube.

● Rotterdam, de bruisende metropool, is ongetwijfeld de modernste stad van Holland. Zij dankt haar naam aan een dam in het riviertje de Rotte, waar in 1283 vissers een dorpje bouwden. Op 14 mei 1940 werd de stad zwaar getroffen door Duitse bombardementen. Van het centrum bleef praktisch niets over. Na de oorlog (1945) begon men met de wederopbouw. Door de weids aangelegde straten en pleinen heeft Rotterdam de allure van een wereldstad.

● The dynamic metropolis of Rotterdam is undoubtedly Holland's most modern city. Its name comes from a dam on the Rotte river, where fishermen built a village in 1283. In 1940 the city was subjected to heavy aerial bombardment by the Germans. Virtually nothing was left of the old city centre. With the end of the war in 1945, reconstruction was begun. Today, broad streets and spacious squares give Rotterdam the allure of a truly cosmopolitan city.

● Rotterdam, die lebendige Metropole, ist ohne Zweifel die modernste Stadt Hollands. Sie verdankt ihren Namen einem Damm in dem Flüsschen Rotte, an dem 1283 Fischer ein Dorf erbauten. Am 14. Mai 1940 wurde die Stadt durch deutsches Bombardement schwer getroffen. Vom Zentrum blieb beinahe nichts übrig. Nach dem Krieg begann man mit dem Wiederaufbau. Durch ihre weitläufig angelegten Straßen und Plätze hat Rotterdam den Flair einer Weltstadt.

● Rotterdam, la métropole animée et pleine d'ambiance, est sans doute la ville la plus moderne de la Hollande. Elle doit son nom à un barrage dans la petite rivière la Rotte où, en 1283, les pêcheurs fondèrent un village. Le 14 mai 1940 la ville fut détruite par les bombardements allemands. Il n'est pas resté grand' chose du centre ville. Après la guerre on commença la reconstruction à Rotterdam. Les larges rues et les places donnent vraiment l'aspect d'une métropole à cette ville.

● *Mei 1940* heet het beeld dat Ossip Zadkine in 1953 maakte. Het symboliseert de stad waarvan 'het hart werd uitgerukt'.

● *May 1940* is the name of this statue, sculpted in 1953 by Ossip Zadkine. It symbolises a city whose 'heart was torn out'.

● *Mei 1940* heißt das Standbild, das Ossip Zadkine 1953 schuf. Es symbolisiert die Stadt, der 'das Herz herausgerissen' wird.

● La sculpture faite par Ossip Zadkine en 1953 s'appelle *Mai 1940*. C'est le symbole de la ville dont 'le coeur a été enlevé'.

● De Erasmusbrug, door Ben van Erkel ontworpen, kreeg als bijnaam 'De Zwaan'.

● The Erasmusbrug, designed by Ben van Erkel, has been nicknamed 'De Zwaan' (The Swan).

● Die Erasmusbrug, von Ben van Erkel entworfen, erhielt den Beinamen 'De Zwaan' (Der Schwan).

● Le Erasmusbrug, d'après un dessin de Ben van Berkel, eut comme surnom 'De Zwaan' (La Cygne).

● Flatgebouwen gezien door de tuien van de Erasmusbrug.

● Apartment blocks seen through the guy ropes of the Erasmusbrug.

● Wohnhäuser, durch die Taue der Erasmusbrug gesehen.

● Des immeubles vus à travers les haubans du Erasmusbrug.

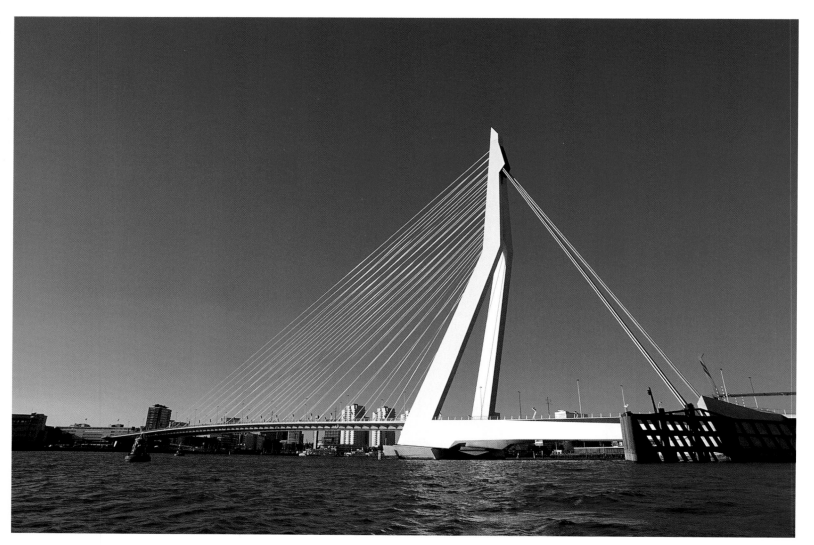

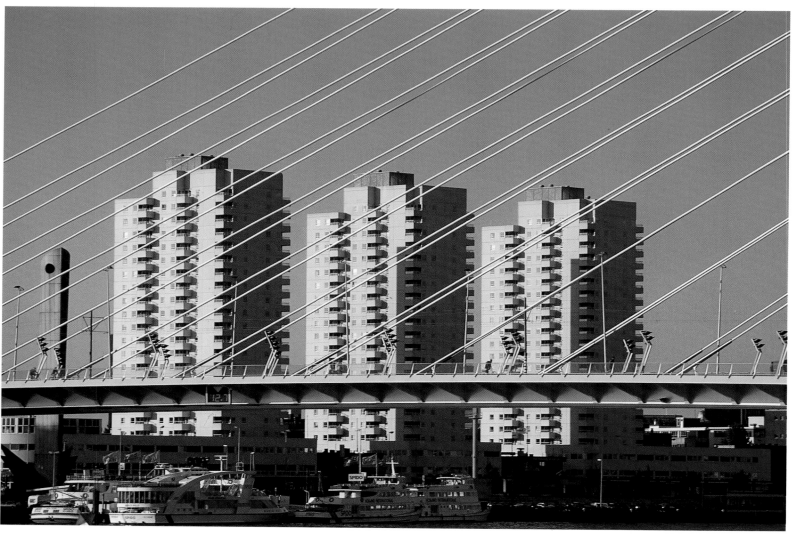

- Het oude stadhuis.
- The old city hall.
- Das alte Rathaus.
- L'ancien hôtel de ville.

- Architectuur langs het Weena.
- Architecture along the Weena.
- Architektur am Weena.
- L'architecture au bord du Weena.

- De kubuswoningen, ontworpen door architect Piet Blom.

- The cubical apartments, designed by architect Piet Blom.

- Die Würfelwohnungen, entworfen durch den Architekten Piet Blom.

- Les habitations en forme de cube d'après le dessin de l'architecte Piet Blom.

- Het Witte Huis.

- The White House.

- Das Weiße Haus.

- La Maison Blanche.

113

● De druk bevaren Maas, die Rotterdam in noord en zuid verdeelt.

● The busy Maas, dividing north and south Rotterdam.

● Die stark befahrene Maas, die Rotterdam in Nord und Süd teilt.

● Il y a beaucoup de navigation sur la Meuse qui sépare le nord du sud de Rotterdam.

● De haven van Rotterdam is de grootste ter wereld. De bedrijvigheid gaat dag en nacht door.

● The harbour of Rotterdam is the world's largest. It functions non-stop day and night.

● Der Rotterdamer Hafen ist der größte der Welt. Es herrscht Tag und Nacht Hochbetrieb.

● Le port de Rotterdam est le plus grand port du monde. Il y a une animation et une activité permanente.

● Kinderdijk dankt zijn naam aan een wieg die na een hevige stormvloed in 1421 bij de dijk aanspoelde. De wieg bevatte een kind en een kat.
In de achtergelegen polder staan twintig molens op korte afstand van elkaar.

● Kinderdijk owes its name to a cradle washed up on the dike during a heavy storm tide in 1421. The cradle contained a baby, and a cat.
In the background we see a group of 20 windmills in the polder.

● Kinderdijk verdankt seinen Namen einer Wiege, die 1421 nach einer heftigen Sturmflut an diesem Deich angespült wurde. In ihr befanden sich ein Kind und eine Katze. In dem dahintergelegenen Polder stehen 20 Windmühlen dicht beieinander.

● Kinderdijk doit son nom à un berçeau qui fut rejeté sur le rivage après une forte tempête en 1421. Il y avait un enfant et un chat dans le berçeau. Un peu plus loin dans le polder il y a 20 moulins alignés, tout près les uns des autres.

● Middelburg is de hoofdstad van de provincie Zeeland, die voornamelijk uit weidse eilanden bestaat en grote bekendheid geniet vanwege haar ingenieuze Deltawerken die het land voor overstromingen behoeden. In de 9de eeuw werd de stad uit een burcht, die midden op het eiland Walcheren stond, gesticht. Ondanks de verwoestingen tijdens de laatste oorlog valt er veel oude architectuur te bewonderen.

● Middelburg is the capital of Zeeland, a province largely made up of islands which is associated with ingenious Delta Works designed to protect the land from floods. The city was founded on the location of a fortress which stood in the centre of the island Walcheren. In spite of the destruction of the Second World War, much of the old architecture has survived.

● Middelburg ist die Hauptstadt der Provinz Zeeland, die aus weitgestreckten Inseln besteht und die wegen ihrer ingeniösen Deltawerke, die das Land vor Überschwemmungen schützen, bekannt ist. Im 9. Jahrhundert entstand die Stadt aus einer Burg, die mitten auf der Insel Walcheren stand. Trotz der Verwüstungen während des letzten Krieges gibt es noch viel alte Architektur zu bewundern.

● Middelburg est la capitale de la province de Zeeland qui, pour la plupart, est composée d'îles. La ville acquit une grande réputation à cause des travaux du Plan Delta qui protègent le pays contre les inondations. Au 9ème siècle la ville fut créée autour d'une citadelle se trouvant au milieu de l'île de Walcheren. Malgré les ravages pendant la dernière guerre mondiale il reste encore beaucoup d'ancienne architecture à voir et à admirer.

● Het fameuze gotische stadhuis op de Markt werd van 1452 tot 1458 gebouwd.

● The famous Gothic city hall on the Markt was built between 1452 and 1458.

● Das berühmte gotische Rathaus auf dem Markt wurde zwischen 1452 und 1458 erbaut.

● L'hôtel de ville en style gothique sur la Markt fut construit entre 1452 et 1458.

● De 5022 meter lange Zeelandbrug verbindt de eilanden Noord-Beveland en Schouwen-Duiveland.

● The 5022 metre long Zeelandbrug connects the islands of Noord-Beveland and Schouwen-Duiveland.

● Die 5022 Meter lange Zeelandbrug verbindet die Inseln Noord-Beveland und Schouwen-Duiveland.

● Le Zeelandbrug avec ses 5022 mètres de longueur fait la liaison entre les îles Noord-Beveland et Schouwen-Duiveland.

● De 14de-eeuwse Koorkerk. De toren die ertegenaan staat, wordt 'Lange Jan' genoemd.

● The 14th century Koorkerk. The tower alongside it is known as 'Lange Jan' (Long John).

● Die Koorkerk aus dem 14. Jahrhundert. Der Turm, der bei ihr steht, wird 'Lange Jan' genannt.

● La Koorkerk du 14ème siècle. La tour à côté de l'église s'appelle 'Lange Jan' (Long Jean).

● Statige huizen aan de Havendijk.

● Stately homes on the Havendijk.

● Stattliche Häuser am Havendijk.

● Des maisons résidentielles sur Havendijk.

● Korenvelden in de Zeeuwse polders.

● Cornfields in the Zeeland polders.

● Getreidefelder in den Poldern von Zeeland.

● Les champs de blé dans les polders de Zeeland.

● De wereldberoemde stormvloedkering heeft een totale lengte van 9000 meter. Aan dit belangrijke onderdeel van de Deltawerken werd van 1976 tot 1987 gebouwd.

● This internationally famous flood barrier has a total length of 9000 metres. An important component of the Delta Works, it was constructed between 1976 and 1987.

● Die weltberühmten Flutbrecher sind insgesamt 9000 Meter lang. An diesem wichtigen Teil der Deltawerke wurde von 1976 bis 1987 gebaut.

● Le fameux barrage anti-tempête a une longueur totale de 9000 mètres. Cette partie importante des travaux du Plan Delta fut construite entre 1976 et 1987.

● Breda ontwikkelde zich in de laatste veertig jaar tot handels- en industriecentrum. Ondanks de dynamische zakelijkheid bleef de Brabantse gemoedelijkheid het karakter van de stad sieren.

● Breda has grown into a centre for trade and industry over the last forty years. In spite of the dynamic business-like attitudes which have developed, typical Brabantian hospitality continues to hold its own.

● Breda entwickelte sich in den letzten 40 Jahren zu einem Handels- und Industriezentrum. Undanks der dynamischen Geschäftigkeit überwiegt noch stets die brabanter Gemütlichkeit im Wesen der Stadt.

● Au cours des derniers quarante ans Breda s'est développé en centre commercial et industriel. Malgré son sens dynamique des affaires la ville sait garder sa gentillesse et sa jovialité, propre aux gens du sud, c'est-à-dire les habitants de la province de Brabant.

● De gotische Onze-Lieve-Vrouwekerk verrees tussen de 15de en 16de eeuw.

● The Gothic Onze-Lieve-Vrouwekerk (Church of Our Lady) arose in the 15th and 16th centuries.

● Die gotische Onze-Lieve-Vrouwekerk entstand zwischen dem 15. und 16. Jahrhundert.

● Onze-Lieve-Vrouwekerk (l'Église de Notre-Dame) en style gothique fut construite entre le 15ème et le 16ème siècle.

● Het Begijnhof aan de Catharinastraat.

● The Begijnhof on the Catherinastraat.

● Der Begijnhof an der Catharinastraat.

● La Begijnhof dans la Catharinastraat.

● Zaltbommel, waar de 63 meter hoge toren van de St.-Maartenskerk prominent aanwezig is.

● Zaltbommel, where the 63 metre steeple of the St.-Maartenskerk presents an imposing spectacle.

● Zaltbommel mit dem beherrschenden 63 Meter hohen Turm der St.-Maartenskerk.

● La tour à Zaltbommel avec sa tour de 63 mètres de hauteur de la St.-Maartenskerk occupe une place éminente dans la petite ville.

● Appelplukkers in de nabij Zaltbommel gelegen fruitboomgaarden.

● Apple pickers in an orchard on the outskirts of Zaltbommel.

● Apfelpflücker in den Obstplantagen bei Zaltbommel.

● Les cueilleurs de pommes dans les fruitiers près de Zaltbommel.

● Zaltbommel is een 1146 jaar oud stadje, gelegen op de zuidelijke oever van de Waal. In de schitterende smalle straatjes hangt hier en daar nog een middeleeuwse sfeer.

● The town of Zaltbommel is 1146 years old, situated on the southern banks of the Waal. A sense of the middle ages still haunts many of its charming, narrow streets.

● Zaltbommel ist ein 1146 Jahre altes Städtchen am südlichen Ufer der Waal. In den wunderschönen schmalen Straßen herrscht hier und da noch eine mittelalterliche Atmosphäre.

● Zaltbommel est une petite ville créée il y a 1146 ans et située sur la rive sud du fleuve Waal. Dans les petites rues magnifiques on sent encore l'ambiance du moyen âge.

- De Martinus Nijhoffbrug werd in januari 1996 voor het verkeer geopend.

- The Martinus Nijhoffbrug was opened to traffic in January 1996.

- Die Martinus Nijhoffbrug wurde im Januar 1996 für den Verkehr freigegeben.

- Le Martinus Nijhoffbrug fut inauguré et ouvert pour la circulation en janvier 1996.

- Landschap aan de Lek.

- Landscape by the Lek.

- Landschaft am Lek.

- Paysage au bord du fleuve Lek.

● De St.-Janskathedraal werd tussen 1330 en 1530 gebouwd.

● The St.-Janskathedraal was built between 1330 and 1530.

● Die St.-Janskathedraal wurde zwischen 1330 und 1530 erbaut.

● La St.-Janskathedraal fut construite entre 1330 et 1520.

● De Bolwoningen van architect Dries Kreykamp.

● The spherical apartments by architect Dries Kreykamp.

● Die Kugelwohnungen des Architekten Dries Kreykamp.

● Les habitations en forme bombée de l'architecte Dries Kreykamp.

● Den Bosch, de hoofdstad van Noord-Brabant, ontstond in de 12de eeuw, daar waar hertog Hendrik I zijn jachtslot in een bos liet bouwen. Den Bosch is een gemoedelijke, interessante uitgaansstad met een Bourgondisch karakter. Het wemelt van de restaurants, cafés en winkels. De grote bezienswaardigheid is de laatgotische St.-Janskathedraal.

● Den Bosch, capital of Noord-Brabant, originates from the 12th century, and is founded on the spot where Duke Hendrik had his hunting lodge built in the forest. Den Bosch is a genial, interesting city with a Burgundian atmosphere. It is full of restaurants, cafés, and shops. The most important place of interest is the late Gothic St.-Janskathedraal.

● Den Bosch, die Hauptstadt von Noord-Brabant, entstand im 12. Jahrhundert an der Stelle, an der Herzog Hendrik I in einem Wald sein Jagdschloß erbauen ließ. Den Bosch ist eine gemütliche, interessante Ausgehstadt von burgundischem Charakter. Es wimmelt von Restaurants, Cafés und Geschäften. Die große Sehenswürdigkeit ist die spätgotische St.-Janskathedraal.

● Den Bosch, la capitale de la province deNoord-Brabant, fut fondée au 12ème siècle à l'endroit où le duc Hendrik I fit construire son petit château de chasse dans une forêt. 's-Hertogenbosch (Bois-le-Duc) a un caractère bourgonde, c'est une ville joviale et intéressante où il est bon de vivre et de sortir. Il y a plein de restaurants, cafés et magasins. La grande curiosité est la St.-Janskathedraal en style gothique.

● Een van de beeldhouwwerken die de fraaie St.-Janskathedraal sieren.

● One of the sculptural works adorning the fine St.-Janskathedraal.

● Eine der Steinmetzarbeiten, die die schöne St.-Janskathedraal zieren.

● Une des sculptures qui décorent la magnifique St.-Janskathedraal.

DEN BOSCH

123

● Eindhoven, eens een welvarende middeleeuwse stad, werd in de loop der eeuwen door plunderingen, oorlogen en stadsbranden dusdanig geteisterd dat er niets meer van over bleef dan een onaanzienlijk dorp. De stad bloeide op door de groei van het wereldberoemde Philipsconcern. Eindhoven ontwikkelde zich tot een moderne zakelijke stad, waar niettemin de befaamde Brabantse hartelijkheid bleef bestaan.

● Eindhoven, once a prosperous medieval city, was stricken so often through the centuries by war, plunder and city fires, that it declined into a rather insignificant town. The city flourished once more however, with the growth of the world famous Philips concern. Eindhoven became a modern business city, without losing its traditional Brabantian cordiality.

● Eindhoven, einst eine wohlhabende mittelalterliche Stadt, wurde im Lauf der Jahrhunderte durch Plünderungen, Kriege und Stadtbrände derartig verwüstet, daß nichts als ein unansehnliches Dorf davon übrig blieb. Die Stadt blühte durch das Wachsen des Philipskonzernes auf. Eindhoven entwickelte sich zu einer modernen Geschäftsstadt, in der dennoch die brabanter Herzlichkeit bestehen blieb.

● Au cours des siècles, Eindhoven, autrefois une ville prospère médiévale, fut tellement ravagée par les pillages, les guerres et les incendies qu'enfin il n'en restait qu'un modeste petit village. La ville se remit en état par la prospérité du groupe industriel Philips, connu dans le monde entier. Eindhoven se développa de plus en plus et devint une ville moderne avec un bon sens des affaires qui n'a pas pourtant fait disparaître la jovialité propre au caractère des habitants de cette région.

● De straat met restaurants aan de oostkant van de kerk.

● Street with restaurants on the eastern side of the church.

● Straße mit Restaurants an der Ostseite der Kirche.

● La rue avec restaurants à côté est de l'église.

- Thorn, bijgenaamd 'het witte dorp', ligt in het zuidelijk deel van Limburg. Zeer bezienswaardig is de 14de-eeuwse Stiftskerk, waarvan het interieur vrijwel geheel wit is.

- Thorn, nicknamed 'the white village', is in the southern half of Limburg. The 14th century Stiftskerk, with its almost pure white interior, should not be missed.

- Thorn, 'das weiße Dorf' genannt, liegt im südlichen Teil von Limburg. Sehr sehenswert ist die Stiftskerk aus dem 14. Jahrhundert, deren Innenausstattung beinahe gänzlich in Weiß gehalten ist.

- Thorn, surnommé 'le village blanc', se trouve dans le sud de la province de Limburg. La Stiftskerk du 14ème siècle, dont l'intérieur est presque tout à fait blanc, mérite sûrement un détour.

- Vooraanzicht van de Stiftskerk.

- Frontal view of the Stiftskerk.

- Vorderansicht der Stiftskerk.

- Vue de face de la Stiftskerk.

- De witte huisjes stammen hoofdzakelijk uit de 18de eeuw.

- Most of these white houses originate from the 18th century.

- Die weißen Häuschen stammen überwiegend aus dem 18. Jahrhundert.

- Presque toute les petites maisons blanches datent du 18ème siècle.

● Maastricht, Limburgs hoofdstad, gelegen op de linker Maasoever, behoort tot de één van de gezelligste en bezienswaardigste steden van het land. De stad is door de Romeinen gesticht en biedt de bezoeker een grote variatie aan interessante architectuur. De stad staat bekend om haar kerken en musea. De volksaard der Maastrichtenaren is zeer gemoedelijk.

● Maastricht on the west bank of the Maas, and capital of Limburg, is one of the most genial and impressive cities in the Netherlands. It was founded by the Romans, and it offers visitors a vast array of interesting architecture. The city is particularly renowned for its churches and museums. The people of Maastricht are known for their hospitality, and their easy-going nature.

● Maastricht, die Hauptstadt Limburgs, liegt am linken Maasufer und ist eine der gemütlichsten und sehenswertesten Städte Hollands. Sie wurde durch die Römer gegründet und bietet dem Besucher eine große Bandbreite interessanter Architektur. Die Stadt ist bekannt für ihre Kirchen und Museen. Die 'Maastrichtenaren' sind ihrem Wesen nach gemütliche Menschen.

● Maastricht, la capitale de Limburg, située sur la rive gauche de la Meuse, est une des plus agréables villes du pays à visiter. La ville fut fondée par les Romains et elle offre au visiteur une grande variété d'architecture intéressante. Maastricht est connue pour ses églises et ses musées. Les habitants de Maastricht ont un caractère jovial et hospitalier.

● De St.-Servaasbrug.

● The St.-Servaasbrug.

● Die St.-Servaasbrug.

● Le St.-Servaasbrug.

● De stadsmuur aan het zuidelijk stadsdeel.

● City wall to the south of the city.

● Die Stadtmauer im südlichen Teil der Stadt.

● Les murailles de la partie sud de la ville.

● De imposante torens van de stadspoort.

● The imposing towers of the city gate.

● Die imposanten Türme des Stadttores.

● Les tours impressionnantes de la porte de la ville.

● De bijna duizendjarige Onze-Lieve-Vrouwebasiliek.

● The almost one thousand year old Onze-Lieve-Vrouwebasiliek (Our Lady Basilica).

● Die beinahe tausendjährige Onze-Lieve-Vrouwebasiliek.

● Onze-Lieve-Vrouwebasiliek (Basilique de Notre-Dame) qui existe déjà depuis l'an 1000.

● De neobyzantijnse Lambertuskerk aan het Emmaplein dateert van 1914.

● The Neo-Byzantine Lambertuskerk on the Emmaplein dates from 1914.

● Die neobyzantinische Lambertuskerk am Emmaplein stammt aus 1914.

● La Lambertuskerk en style néobyzantin sur l'Emmaplein date de 1914.

● Het Maastrichts Expositie- en Congrescentrum, beter bekend als MECC.

● The Maastricht Exposition and Congress Centre, better known as the MECC.

● Das Maastrichter Ausstellungs- und Kongresszentrum, besser bekannt als MECC.

● Le MECC, le Centre d'Exposition et de Congrès à Maastricht.

● Winter in Zuid-Limburg.

● Winter in southern Limburg.

● Winter im Süden Limburgs.

● L'hiver dans le sud de la province de Limburg.